八个好爸爸标准

“爸爸帮”帮爸爸

关丽荣 刘燕华 李澍晔 著

中国经济出版社
CHINA ECONOMIC PUBLISHING HOUSE
·北京·

图书在版编目（CIP）数据

“爸爸帮”帮爸爸 / 关丽荣，刘燕华，李澍晔著
. -- 北京：中国经济出版社，2022.9
ISBN 978 - 7 - 5136 - 6983 - 2

Ⅰ. ①爸… Ⅱ. ①关… ②刘… ③李… Ⅲ. ①家庭教育 Ⅳ. ① G78

中国版本图书馆 CIP 数据核字（2022）第 113823 号

责任编辑　陈　瑞
责任印制　马小宾
封面设计　任燕飞
插图作者　张君超

出版发行　中国经济出版社
印 刷 者　北京艾普海德印刷有限公司
经 销 者　各地新华书店
开　　本　710mm × 1000mm　1/16
印　　张　17.75
字　　数　284 千字
版　　次　2022 年 9 月第 1 版
印　　次　2022 年 9 月第 1 次
定　　价　59.00 元
广告经营许可证　京西工商广字第 8179 号

中国经济出版社　**网址** www. economyph. com　**社址** 北京市东城区安定门外大街 58 号　**邮编** 100011
本版图书如存在印装质量问题，请与本社销售中心联系调换（联系电话：010-57512564）

“爸爸帮”声明

班里成立了“家长交流”群，任务是方便老师和家长交流，促进家校合作，督促“神兽”们健康快乐地成长。

为了不引起宝妈们的反感、尊重群主——班主任老师，一位博士宝爸提议专门建立爸爸群，任务是组成宝爸联盟，制定好爸爸标准，设定群公告话题，根据话题展开讨论，互相帮助，共同教育“神兽”们成才，引导“神兽”们树立正确的人生观、价值观和世界观，让宝爸们真正成为合格的爸爸，并给这个群起名“爸爸帮”。

五位核心人物经过认真研究、反思、查阅古今中外的教育资料，一致认定当一个好爸爸的标准有八条，并围绕这八条标准通过了帮规，连夜发到群里，嘱咐群内的宝爸们收藏，每天看三遍，铭记在心。

八条帮规：

一、宝爸要以身作则，言行一致，引导“神兽”做个有正义能量的人。

二、宝爸要帮助“神兽”养成锻炼身体的好习惯，让“神兽”体魄强壮，健康成长。

三、宝爸要创建学习型家庭，让“神兽”养成会学习、爱学习、钻研知识的好习惯，知道学而不厌、学而求精、贵在坚持的道理。

四、宝爸要鼓励“神兽”参加劳动，引导“神兽”会劳动、爱劳动、会观察，在劳动与观察中明白做人的道理。

五、宝爸要帮助“神兽”建设健康的心理，让“神兽”敢于面对未来，心胸宽广，乐观地面对人生，不骄不躁，沉着冷静，机智灵活。

六、宝爸要告诫“神兽”遵纪守法，遵守道德规范，做一个对社会、对民族、对国家有用的人。

七、宝爸要引导“神兽”学会管理时间和珍惜时间，让“神兽”明白时间就是生命的道理。

八、宝爸要告诫“神兽”自律是人生的大事，务必要牢记于心，见证于行动。

群公告：

“当一个好爸爸”不是一句简单的话，而是要开动脑筋，积极思考，找出切实可行的办法，关键是要“以身作则”，明白“打铁还需要自身硬”的道理。

宝爸们切记：

为了“神兽”的健康成长，真正成为未来的人才，宝爸需要做出很多“牺牲”。

欢迎宝爸们在群里畅所欲言，引出话题，寻求教育“神兽”成才的“灵丹妙药”，让“神兽”健康、快乐地成长。

群成员：

群主：博士——李操心；

副群主：心理专家——王细心；

群军师：哲学家——张辩证；

群参谋：体育教练——徐健身；

群监督：艺术家——赵广泛；

群成员：宝爸 01 ~ 宝爸 50

爸爸帮

2022 年 2 月 6 日于北京郊区

人物简介

“爸爸帮”
群主（博士）
李操心

“爸爸帮”
副群主（心理专家）
王细心

“爸爸帮”
群军师（哲学家）
张辩证

“爸爸帮”
群参谋（体育教练）
徐健身

“爸爸帮”
群监督（艺术家）
赵广泛

目录

群公告一
用优良的品德影响“神兽”

01
勇敢的话题

群员——宝爸 01 紧急求救

“神兽”不敢进家了

宝爸 01

我们家的“神兽”身高 1.7 米多，站起来比我都高，虎背熊腰，非常结实。

一天下午放学后，“神兽”独自回到家门口，身上虽然带着钥匙，但是不敢进家，坐在家门口等着我与他妈妈。巧了，我与他妈妈都有事，不能按时回家。“神兽”在门口等了 5 个小时，饿得全身哆嗦，我回来了，看着“神兽”凄惨的样子，心疼并生气地问“神兽”为什么不进家。

“神兽”有气无力地说偷看了我床上的连环画报——古屋里的吸血鬼，害怕家里有吸血鬼。

我听完后，哭笑不得，一时无语，后悔买了恐怖画报，更后悔没有保管好画报。

各位宝爸们千万不要学我，不要乱买画报。如果买了，要保管好，不要给“神兽”偷看的机会。

群主——博士李操心

宝爸们，“神兽”胆小，一定有原因，务必要引起宝爸们的重视，以免出现心理疾病，追悔莫及。

副群主——心理专家王细心

王细心总结出一些宝爸眼里“神兽”的问题：

胆小如鼠，听见异常响声吓得全身哆嗦。

见到陌生人脸红，张口结舌，不会说话。

身高与大人差不多，竟然不敢独自睡觉。

不敢独自进家，夜间不敢去卫生间。

特别害怕壁虎、毛毛虫、老鼠、蛇、蟑螂、马蜂、“臭大姐”等。

害怕黑夜、打雷与闪电。

害怕鲜血、打针和抽血等。

上课不敢举手发言，不敢看老师的眼睛。

害怕考试、害怕写作文。

群军师——哲学家张辩证

张辩证总结出一些“神兽”眼里宝爸的问题：

我爸胆子小，不愿意与外人说话。

我爸经常说怕单位的某位领导。

我爸不敢放“二踢脚”“麻雷子”“钻天猴”等。

我爸经常说小时候怕老师提问、害怕考试、怕写作文。

我爸经常说，他害怕蛇、老鼠、壁虎、棺材及走夜路等。

群参谋——体育教练徐健身

徐健身通过私下与“神兽”们交谈得知“神兽”的心声：

家里没有人，不敢进家的原因是感觉屋子里有“鬼”、有“妖怪”。

夜间不敢单独睡觉的原因是担心半夜从窗户外爬进怪兽、吸血鬼。

受爸爸影响，天生胆子小。

小时候，爸爸总对我说不许外出乱跑乱说，外面有鬼、有坏人、有人贩子。

小时候，爸爸总给我讲妖魔鬼怪与吸血鬼的故事，越听越上瘾、越害怕、越想听。

我希望爸爸是勇敢的人。

群员——宝爸 01：如何寻找根源呢？
请各位爸爸指教。

群监督——艺术家赵广泛

赵广泛说出一些宝爸的问题：

宝爸买了不适合“神兽”看的书籍、报刊、音像作品，等于制造了恐怖源，需要反思。

宝爸保护得太多，终日把“神兽”放在“安全箱”里，不让“神兽”体验，不给“神兽”锻炼的机会，甚至没给“神兽”讲“勇敢”二字的真谛，导致“神兽”出现懦弱、胆小、怕事等不良的心理。

宝爸自己胆子也不大，遇到刺激事件，面色惨白，完全失态，没有给“神兽”做好榜样。

群主——博士李操心

李操心说出一些“神兽”的问题：

“神兽”胆子小的问题比较复杂，如，有的“神兽”体弱多病，有的天生胆小、敏感、脆弱、多疑。

“神兽”受到不良刺激，如家庭火灾、同学意外伤亡、目睹惨烈的事件、被猫抓、狗咬、被毒虫咬、看恐怖的书刊与音像制品，也会引发恐怖。

“神兽”受到成年人的吓唬，或受到严酷的惩罚，心理受到刺激，也容易出现胆小的问题。

群员——宝爸 01：请各位爸爸支招，
提供解决问题的办法。

副群主——心理专家王细心

宝爸希望自己的“神兽”勇敢，就要设法让“神兽”认识到勇敢是成长的关键，关系一生的幸福。

我喜欢利用特殊的节日对“神兽”进行勇敢教育，比如八一建军节，带“神兽”去军事博物馆，“神兽”通过图片、物品、解放军的勇敢事迹，受到感染，逐渐有了“血性”。

培养“神兽”的优良品质，一旦“神兽”具备了勇敢的品质，就能不惧怕任何困难，实现自己的理想，得到人们的尊重。

截断与查找恐怖源，弄清事实真相，让“神兽”有充足的心理准备，也就不胆怯了。宝爸要采取有效措施，务必让“神兽”远离恐怖、悬疑、血腥的电视节目、书刊、画报、故事等。

群军师——哲学家张辩证

我喜欢给“神兽”讲家史，在回忆祖先的过程中，让“神兽”知道祖先的英勇事迹。

俗话说：“三岁看大，七岁看老。”宝爸要学点儿童心理学，提升自己的素质，走进“神兽”的内心世界。

“神兽”幼年时期的心理健康很关键，宝爸要从一言一行做起，示范、启发、影响“神兽”。

给“神兽”创造锻炼胆量的条件，鼓励“神兽”大胆、独自应对各种困难与问题，最终成功地解决，使“神兽”在实践中，养成坚毅勇敢的性格。

要让“神兽”在勇敢的氛围中成长，逐渐形成勇敢的品质。

要让“神兽”知道勇敢并不是一朝一夕的事，要根据“神兽”的特点，进行经常性的教育、引导、督促和磨炼，通过模拟勇敢游戏、实物接触、心理训练等，久而久之，就能使“神兽”逐渐勇敢起来。

群参谋——体育教练徐健身

要以身作则，做好榜样。宝爸与“神兽”在一起时，遇到突发事情。宝爸首先要保持镇定，不慌张。其次要告诉“神兽”最勇敢的就是人，没有什么可怕的事。

要多带“神兽”走出去。给“神兽”讲英雄人物的事迹，告诉“神兽”虚心向英雄人物学习，因为英雄人物身上有一个共同点——勇敢。要有意识地引导“神兽”效仿英雄，养成果敢、无畏的意志品质。

要注重口号的作用，在家里的明显位置贴上一些关于勇敢的提示语，让“神兽”每天都能看见、都能思考，逐渐悟出勇敢的本质，日积月累，“神兽”胆子就大了。

如：勇敢就是内心强大！

做一个勇敢的人！

我勇敢！我快乐！

群公告

牢记在心中：只有勇敢的人，才能面对前进道路上的困难。想尽一切办法，最终战胜困难。

每日“五个一”工程

- □ 陪伴“神兽”朗诵一首诗
- □ 陪伴“神兽”画一幅画
- □ 陪伴“神兽”进行户外运动
- □ 陪伴“神兽”看《新闻联播》
- □ 陪伴“神兽”自然聊天儿

亲子作业

“神兽”，你勇敢吗？是（　　）否（　　）

请“神兽”回忆出自己表现勇敢的一件事。

____

宝爸与“神兽”感悟到了什么呢？

A.______________________________

B.______________________________

02
机智的话题

群员——宝爸 02 紧急求救

“神兽”遇到“醉鬼”不会躲避

宝爸 02

“急死我了，怎么办呢？我家的‘神兽’是不是‘犯傻’呀？遇到‘醉鬼’不躲避。”

周末下午，“神兽”写完作业了，在小区的花园旁边踢足球。一个醉鬼手里拿着酒瓶子，满身酒气、骂骂咧咧、晃晃悠悠地走了过来。“神兽”没有躲避，继续踢球，结果被醉汉拉扯，吓得“神兽”大声哭喊。

幸亏我出门抽烟，发现情况不对劲儿，冲过去解围。回到家，我问“神兽”为什么不躲避呀？

“神兽”支支吾吾，最后竟然怪上我。“神兽”说我经常喝醉酒，还经常说喝醉酒的人没什么好怕的！听后，我哭笑不得，一时无语，后悔说了不负责任的话。

各位宝爸们，这件事提醒了我，让我反思了一夜，“神兽”遇到突发事件，不机智，反应迟钝，甚至有点儿“犯傻”，一般与宝爸平时的引导、教育、言语有关系，需要警醒呀！

群主——博士李操心

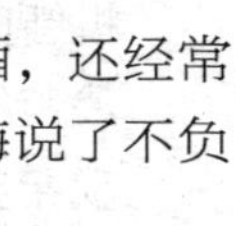

“神兽”遇到突发事件不机智的问题不是小事，要引起足够的重视，认真查找原因，以免发生难以挽回的后果。

副群主——心理专家王细心

王细心总结出一些宝爸眼里“神兽”的问题：

“神兽”脑筋不灵活，一根筋，不知道迂回。
“神兽”不爱思考问题，缺乏智慧。
“神兽”愣头愣脑，没有一点儿灵活性。
“神兽”考虑问题简单，有时有点儿犯“傻”。

群军师——哲学家张辩证

张辩证总结出一些“神兽”眼里宝爸的问题：

我爸特别“倔”。
我爸特别“闷”。
我爸特别“愚”。
我爸特别认“死理儿”。
我爸经常说，机智就是玩心眼儿，让人瞧不起。
我爸遇到事情就六神无主，犹豫不决。

群参谋——体育教练徐健身

徐健身通过私下与“神兽”们交谈，得知“神兽”的心声：

为什么要机智呢？我又不想当诸葛亮。
机智的人“花花肠子”多，让人鄙视。
机智的人鬼点子多，老欺诈人，爱占小便宜，我不想当机智的人。
我爸经常说人不能太精明了，傻傻的也不错。
我希望爸爸是个机智的人。

群员——宝爸 02：如何寻找根源呢？
请各位爸爸指教。

群监督——艺术家赵广泛

宝爸没有认识到“神兽”的机智与否与自己的教育不当有

关系。

宝爸只是一味地埋怨，没有具体指导“神兽”如何机智。

宝爸与“神兽”在一起时，遇到突发事件，也不机智，认死理儿，一根筋，无形中给“神兽”留下了不良的心理暗示，造成了负面影响。

群主——博士李操心

“神兽”对机智没有认知，也不知道什么标准才能算机智，对机智处于模糊的认识。

“神兽”对机智有偏激的理解，产生了远离机智的抵触情绪。

“神兽”没有进行系统的机智训练，思维模式单一，缺乏逻辑思维、逆向思维、辩证思维，也不会逻辑推理。

“神兽”受长辈的不良心理暗示，导致遇事也不机智。

“神兽”不善于总结，不能汲取自己或他人的经验教训，心理素质不高，遇事呆若木鸡。

群员——宝爸 02：请各位爸爸支招，
提供解决问题的办法。

副群主——心理专家王细心

我喜欢与“神兽”一起看动画片、电视剧、电影，利用剧中的机智人物，巧妙地告诉“神兽”机智的方法，耳濡日染，逐渐让“神兽”机智起来。

通过游戏、故事、情景剧模拟、绘画、沙盘等方式，告诉“神兽”不机智、认死理儿、执拗，就容易“钻牛角尖儿”，看问题、处理事情就容易走极端，隐患极大，应该努力改变自己，让自己变得机智起来。

要通过事实与经验教训告诉“神兽”机智的重要性，引导“神兽”多看一些动脑筋的书籍，多做一些智力开发的游戏，多看一些思维缜密的影视作品，耳濡目染，自己也就变得机智了。

要以身作则，做好榜样。

要根据“神兽”的年龄，请教专业人士，适当地对“神兽”进行智慧开发训练，让“神兽”积累渊博的知识，掌握分析问题的技巧，学会冷静地处理问题，养成动脑筋的好习惯，善于独立解决问题，提高自身的综合能力。

群军师——哲学家张辩证

我喜欢与“神兽”一起在户外活动，通过打篮球、踢足球等运动密切亲子关系。

让“神兽”爱上阅读。读书可以拓宽知识面，改善知识结构，明白事理。

告诉“神兽”遇到疑惑的事，不能固执，更不能偏激，积极改变思维习惯，学会换个角度思考问题。

让“神兽”知道每天都会有各种意想不到的事情发生，为了自己的安全，应该想办法训练“神兽”的智力。

告诉“神兽”机智能避免灾难、逢凶化吉、化险为夷。

群参谋——体育教练徐健身

告诉“神兽”，机智才能少犯错误。人经常会犯各种错误，认真总结一下所犯的错误，找出规律，就会清楚地看到很多错误是因为不机智造成的。如果在犯错误之前稍微机智一点儿，就不会犯错误了。

告诉“神兽”机智不是耍小聪明，也不是算计人，它是反映一个人的能力，机智不仅自己受益，周围的人也会一起受益，机智的人会受到大家的拥护。

主动带“神兽”走出去，参观各种警示展览，通过“血”的教训，让“神兽”印象深刻。

注重宣传口号的作用，在家里明显位置贴一些关于机智的提示语，让“神兽”每天都能看见。日积月累，就养成机智的好习惯了。

如：机智能化险为夷！

机智能争取主动！

机智需要学习！

机智需要思考！

机智是成熟的表现！

群公告

牢记在心中：多听、多看别人的“经验教训”。养成科学地思考问题的方式。

每日“五个一”工程

- □ 陪伴“神兽”朗诵一首诗
- □ 陪伴“神兽”画一幅画
- □ 陪伴“神兽”户外运动
- □ 陪伴“神兽”看《新闻联播》
- □ 陪伴“神兽”自然聊天儿

亲子作业

“神兽”，你机智吗？是（　　）否（　　）

请“神兽”回忆出自己机智的一件事。

____

宝爸与“神兽”感悟到了什么呢？

A.______________________________

B.______________________________

03
尊重的话题

群员——宝爸 03 紧急求救

“神兽”的鼻子流血了

宝爸 03

晚上，我进家门发现“神兽”不敢正眼看我，总是躲着我。我感觉有点儿不对劲儿，把“神兽”叫到身边，发现“神兽”的鼻子上有血迹，急忙询问情况。

“神兽”哆哆嗦嗦地说：“下学的路上乱叫同学外号，本来特别老实的同学突然生气了，打了我一巴掌，鼻子就流血了，后来被同学拉住。”

我既心疼又生气，指责“神兽”为什么不尊重同学？为什么要乱叫同学外号呢？

“神兽”哭着说：“你开车时，经常摇下车窗就骂人。”

我听完后，陷入了沉思。这件事提醒了我，“神兽”不尊重人，一般与宝爸的言传身教有关系，宝爸需要深刻反思。

群主——博士李操心

这件事告诉宝爸们，“神兽”不尊重人的问题确实与宝爸的言行有关，务必引起宝爸们的重视，以免带坏“神兽”。

副群主——心理专家王细心

王细心总结出一些宝爸眼里“神兽”的问题：

“神兽”眼里没有长辈，对长辈说话没有礼貌。

“神兽”吃饭没有规矩，大人没吃，自己先吃，还挑食。

“神兽”看电视只顾自己，根本不考虑长辈看什么电视节目。

“神兽”外出吃饭，上菜慢了，对服务员发脾气。

“神兽”遇到长辈，不问好、不打招呼、不礼让，眼里没有别人。

“神兽”午休时，乱吵乱闹，不考虑别人的感受，没有规矩。

群军师——哲学家张辩证

张辩证总结出一些“神兽”眼里宝爸的问题：

我爸平时不尊重人，说话经常带脏字。

我爸在公共汽车、地铁上抢座位。

我爸开车特别能“加塞儿”，乱按喇叭。

我爸对长辈也不怎么尊重。

我爸在外面吃饭时，稍微不顺心，就斥责服务员。

我爸见到邻居也不打招呼。

我爸脏字不离口，说话特别难听。

我爸叫的外卖，如果送晚了一点点时间，就对“送餐员”说难听的话。

群参谋——体育教练徐健身

徐健身通过私下与“神兽”们交谈，得知“神兽”们的心声：

尊重谁呀？没有人告诉我呀！

什么是尊重？怎么尊重？为什么要尊重？不知道。

不尊重他人，我也有吃、有喝、有住、有穿、有玩，家人都让着我。

我行我素，干吗要低三下四地对别人客气呢？

我爸经常说人不能太老实了，在外面就得厉害点儿。

我希望爸爸是个尊重人的人。

群员——宝爸 03：如何寻找根源呢？
请各位爸爸指教。

群监督——艺术家赵广泛

宝爸没有以身作则，平时不尊重别人的行为无形中误导了“神兽”。

宝爸溺爱“神兽”，容忍“神兽”不尊重他人的言行，没有批评与惩罚措施。

宝爸没有告诉“神兽”不尊重他人的严重后果。

宝爸没有教“神兽”怎么尊重人，没有告诉“神兽”尊重他人的具体标准是什么？尊重他人的形式有什么？

群主——博士李操心

“神兽”自私自利，根本不考虑他人的感受。

“神兽”缺乏尊重教育，想当“小霸王”，不知道如何尊重人。

“神兽”凡事都是以自己为中心，独惯了。

“神兽”受一些动画片、画报的影响，我行我素，不明白做人的道理。

群员——宝爸 03：请各位爸爸支招，
提供解决问题的办法。

副群主——心理专家王细心

以身作则很重要，希望“神兽”尊重人，宝爸自己也要做好榜样。

重视对“神兽”的平时教育，要让“神兽”明白尊重他人的重要性。

通过各种事例，让“神兽”知道尊重他人是做人的根本准则，是一个人品质的体现，要真心尊重人，才能好事不断，机会不断。

利用各种机会，恰到好处地给“神兽”讲案例，设法让“神兽”明白，不尊重他人，见到人没有礼貌，自私自利，长此发展下去就会影响成长。

群军师——哲学家张辩证

引导“神兽”平时多学习，自觉提高修养，做一个道德高尚的人。

想方设法引导“神兽”树立人人平等的观念，始终有尊重他人的想法，不能有高低贵贱之分，无论是普通人，还是师长、长辈，都要真心地尊重他们，这样就能反映出一个人的素质和优良品德，也会赢得他人的尊重。

让“神兽”学会理解他人，明白理解才能消除轻视别人的不良心理，发现他人的优点与感人之处，虚心学习，激发自己奋发向上的心理。

根据“神兽”的成长特点，有计划、有目的、有系统地告诉“神兽”尊重他人的方式与方法。设计尊重游戏，创作模拟情景剧、家庭小品演出等，久而久之“神兽”就会有所感悟，明白其中的道理。

群参谋——体育教练徐健身

利用特殊的纪念日，或用英雄人物、名人、伟人、成功人士的品德影响“神兽”，使“神兽”明白“尊重”二字的真谛。

借助参观、看展览、看《新闻联播》的时机，给“神兽”讲英雄人物、名人、伟人的成功事迹，让“神兽”切身体会到尊重的重要性，从而自觉养成尊重他人，与人为善的好习惯。

告诉“神兽”：勿以善小而不为，勿以恶小而为之。

引导“神兽”把每天和人交往的情况以日记的形式写下来，正确的、对的要坚持下去，错误的要及时改正。

注重口号的作用，在家里的明显位置贴上一些关于尊重的提示语，让“神兽”每天都能看见，都能思考。

如：尊重是一个人的素质和修养的尺子！

尊重需要胸怀！

尊重是一种能力！

群公告

牢记在心中：自觉尊重别人，与人为善，也是尊重自己，给自己营造一个顺畅的人生大道。

每日“五个一”工程

- □ 陪伴“神兽”朗诵一首诗
- □ 陪伴“神兽”画一幅画
- □ 陪伴“神兽”户外运动
- □ 陪伴“神兽”看《新闻联播》
- □ 陪伴“神兽”自然聊天儿

亲子作业

“神兽”，你尊重他人吗？是（　　）否（　　）

请“神兽”回忆出自己尊重他人的一件事。

____

宝爸与“神兽”感悟到了什么呢？

A.______________________________

B.______________________________

04
团结的话题

群员——宝爸 04 紧急求救

“神兽”说不想上学了

宝爸 04

放学了，“神兽”哭着回家，嚷嚷着说不想上学了。我赶紧安慰“神兽”，关切地问事情的原委。

“神兽”哭泣着说：“班里开展阅读活动，自愿结组，可是同学们都不愿意与我结组，我感到很孤独，不想上学了。”

我很吃惊，轻声问：“怎么会有这样的同学呢？他们怎么能这么自私？为什么要孤立我们家的宝贝呢？”

“神兽”抹着眼泪说：“爸爸，都怪你。你平时总是说单位没有好人，不愿意与同事交往。让我在学校只管自己的学习，其他什么也不参与。”

听完后，我心中五味杂陈，后悔说了这样不负责任的话。这件事警醒了我，“神兽”不团结同学，被同学孤立，与我的言传身教有关系。我该怎么办呢？

群主——博士李操心

这件事告诉宝爸们，“神兽”被同学孤立，不会团结同学的后果很严重，引发被孤立的原因很多，但是与宝爸的不当言行也有关系，务必要引起宝爸们的重视，以免导致无法挽回的后果。

副群主——心理专家王细心

王细心总结出一些宝爸眼里“神兽”的问题：

“神兽”个性强，不能与别人好好玩儿。

“神兽”只想着自己，不愿意为别人付出。

“神兽”霸道，听不进别人的意见。

“神兽”独来独往，总觉得别人不如自己。

“神兽”不虚心，遇事总是推卸责任、埋怨别人，不会让着别人。

“神兽”小里小气，不舍得与别人分享。

“神兽”语言不美，说话口无遮拦，脏话多。

群军师——哲学家张辩证

张辩证总结出一些“神兽”眼里宝爸的问题：

我爸总是瞧不起别人，经常议论别人。

我爸小气，与人走动时，不大方，总想占人便宜。

我爸与别人玩不到一块，不太合群。

我爸经常说单位的同事斤斤计较，不值得团结他们。

我爸平时不能吃一点儿亏，看不得别人一点儿好。

我爸平时爱骂人，脏话不断。

我爸自私，不愿意付出，几乎没有朋友。

我爸经常说，在外面不能谦让。

群参谋——体育教练徐健身

徐健身私下与“神兽”们交谈，得知“神兽”的心声：

同学们不听我的话，就不跟这样的同学玩。

全家人都护着我、依着我，我不习惯妥协，更不习惯听别人的指挥。

同学们个个都暗中较劲儿，讲团结、讲风格、讲付出，同学会说我“傻帽”。

不团结，也没有损失什么呀？为什么要委屈自己啊？

什么事情都必须靠自己，讲团结有什么用呢？别人帮不上自己。

讲团结，需要付出、需要忍让，我不想委屈自己，顺其自然吧！

我希望爸爸是个讲团结的人。

群员——宝爸 04：如何寻找根源呢？请各位爸爸指教。

群监督——艺术家赵广泛

宝爸不善于利用家史、家规、家训对“神兽”进行团结教育，导致“神兽”不明白“团结”二字的真谛。

宝爸没有以身作则，没有带头搞好团结，给“神兽”留下了负面的心理暗示。

宝爸过分宠爱，把“神兽”放在“蜜罐子”里圈养，给“神兽”创造过分优越的物质生活，为“神兽”做了太多的事情，致使“神兽”不会“团结”，不知道怎么团结，不明白为什么团结。

宝爸没有耐心细致地告诉“神兽”如何去团结，如何维护团结，导致“神兽”对“团结”二字陌生，一知半解。

宝爸处理事情简单粗暴，不会摆事实、讲道理，总是埋怨“神兽”不知道讲团结，甚至因为“神兽”不团结，打骂“神兽”，“神兽”根本不知道错在哪里了。

群主——博士李操心

“神兽”认识肤浅，认为团结离自己还很遥远，团结是大人的事，与自己没有关系。

“神兽”天真幼稚，总觉得现在还小，长大了就会团结了。

“神兽”总是以自己为中心，总想得到别人的照顾与顺从，不知道团结对于人的成长有多么的重要。

“神兽”平时独来独往习惯了，唯我独尊，不团结也没有吃到“苦头”，所以就不去团结。

“神兽”认为团结会吃亏，不想吃亏搞团结。

群员——宝爸 04：请各位爸爸支招，
提供解决问题的办法。

副群主——心理专家王细心

宝爸要反复、多次、主动地告诉"神兽"，如果从小把团结看得很重要，敢于付出，愿意付出，处处谦让，对于未来的成长十分有益。

可以通过游戏、讲故事的形式，巧妙地告诉"神兽"团结的方式和方法。告诉"神兽"为什么要团结。

宝爸要带头搞好团结，与单位同事、邻居、亲人交往时，讲风格、讲奉献、讲付出，热情主动，塑造光辉形象，给"神兽"起到良好的榜样示范作用。

宝爸要现身说法，感染"神兽"，当国家与地区遇到紧急事情（灾害），宝爸要明白这是教育"神兽"的好时机，积极主动地献爱心，通过各种形式（带动"神兽"向灾区捐款、做志愿者、写慰问信、捐物等）表达爱心，在"神兽"面前树立良好的形象，付出了爱，团结与友谊就来了。

群军师——哲学家张辩证

要重视对"神兽"的团结教育，通过系统的团结教育，使"神兽"形成团结意识，明白团结于人于己密切相关，是快乐学习、健康成长的基础。

要认真给"神兽"讲家训、家规、家史，让"神兽"自觉地继承好的家风，培育"神兽"大气、大度的处事态度，告诉"神兽"吃亏是福。

要教会"神兽"学会思考，考虑问题时，要从大局出发，不能太计较。

要提醒"神兽"与人交流时，善于倾听他人的意见，讲大局、讲风格。

要培育"神兽"有大爱之心，让"神兽"学会主动关心人、帮助人，这样当自己遇到困难时，才能得到周围人的帮助与支持，才能逢凶化吉。

要不厌其烦地告诉"神兽"爱心无价，无私的爱千金难买，是搞好团结的基础。

群参谋——体育教练徐健身

宝爸要想方设法丰富家庭文化生活，多带“神兽”走出去体验生活。

宝爸要有计划地带“神兽”参观先进人物事迹展览，通过先进人物的事迹，感染“神兽”，净化“神兽”的心灵。

宝爸要制造团结的氛围，与“神兽”一起写几张团结的标语，张贴在家里明显的位置。

如：团结的前提是大公无私，心里有他人。

要想团结，就要吃亏奉献，先人后己。

团结不是妥协、忍让，而是宽容，讲原则。

群公告

牢记在心中：每个人都离不开集体，生活在集体里，团结最重要，想方设法为集体做出贡献，努力把自己真正地融进集体里，要处处为他人着想，才能赢得友谊，得到尊重。

每日“五个一”工程

☐ 陪伴“神兽”朗诵一首诗

☐ 陪伴“神兽”画一幅画

☐ 陪伴“神兽”户外运动

☐ 陪伴“神兽”看《新闻联播》

☐ 陪伴“神兽”自然聊天儿

亲子作业

“神兽”，你团结吗？是（　　）否（　　）

请“神兽”回忆出自己团结他人的一件事。

____

宝爸与“神兽”感悟到了什么呢？

A.____

B.____

05
诚信的话题

群员——宝爸05紧急求救

“神兽”与同学吵架了

宝爸05

今天我们家的“神兽”下学进门，“战斗脸”的表情，闷闷不乐，饭也不想吃。我感觉不对劲儿，急忙问情况。

原来，在放学路上，“神兽”与同学吵了一架。事情的经过是：前几天，“神兽”在放学的路上，看见路边卖新玩具，忘记带钱了，借同学两元钱，说好了第二天还。第二天，可能是忘记了吧，半个月过去了，同学找“神兽”要钱，“神兽”说早还了。同学与“神兽”吵了一架。同学说他不诚实，借钱不还，没脸没皮、“癞皮狗”……全班同学都知道了这件事，让“神兽”很没有面子，一时下不来台了。

为了安慰“神兽”，不让“神兽”太伤心、难受，我假装生气地说：“同学怎么能这么计较呢？不就是两元钱吗？干吗这么闹呢？”

没想到，让我吃惊的一幕发生了，“神兽”反“咬”一口，睁大眼睛看着我，没有好气地说：“怪你、怪你，我都是跟爸爸你学的，你经常借同事的钱不还，还沾沾自喜；你经常说带我出去玩，可是没有一次真正实现过；你经常说不抽烟了，可是每天都悄悄地抽；你经常说不玩手机了，可是夜间还偷偷地玩……”

我听完，羞愧无语，一脸茫然，不知道如何解释，更为自己以前的言行与形象感到羞愧。

这件事告诉我，“神兽”不诚实，不讲信誉，通常与爸爸的言传身教有关系。如果希望“神兽”讲诚信，宝爸必须以身作则，当好模范。

群主——博士李操心

这件事告诉宝爸，“神兽”借钱不还，与同学吵架，与宝爸平时的言行有很大的关系，务必要引起宝爸重视，以免导致无法挽回的后果。

副群主——心理专家王细心

王细心总结出一些宝爸眼里“神兽”的问题：

“神兽”学会撒谎了。

“神兽”背着大人干了不该干的事。

“神兽”犯了错误，强词夺理，不愿意承认。

“神兽”言行不一，出尔反尔。

“神兽”似乎不知道撒谎是错误的事，理直气壮地撒谎。

“神兽”似乎不理解“诚实”二字的重要性。

“神兽”借钱、借物不还，不知道害羞，不会道歉，还理直气壮。

群军师——哲学家张辩证

张辩证了解到一些“神兽”眼里宝爸的问题：

我爸经常装病，不上班。

我爸本来在家，接听手机时，却说不在家。

我爸本来有钱，别人借钱时，故意装穷，说自己还有外债。

我爸在家抽烟了，可妈妈回来后，却面不改色地说没有抽。

我爸说好了这个周末带我去踢足球，可是总是找理由不去。

我爸没有洗脚就睡觉，妈妈问他洗没洗，他说洗了。

我爸借钱，经常说忘记还了。

我爸垃圾没有分类，扔垃圾时，遇到监管人员却说分类了。

群参谋——体育教练徐健身

徐健身与“神兽”们交谈，得知“神兽”的心声：

撒谎，可以达到个人的目的。

装病，大家就会关心我、顺着我。

编瞎话，就能蒙混过关。

说了实话，承认了错误，老爸不是骂就是打，所以不能说实话，不能承认错误。

我也知道失信不好，可是有时忘记了，就失信了，也没有办法。

为了得到表扬，有时不得不撒谎。

我希望爸爸是个讲诚信的人。

群员——宝爸 05 问：如何寻找根源呢？
请各位爸爸指教。

群监督——艺术家赵广泛

宝爸对“神兽”不讲诚信的言行没有引起足够重视，不能及时指出其危害性与严重性，不敢严肃批评“神兽”、惩罚“神兽”，采取了顺其自然甚至纵容的态度，导致“神兽”撒谎成瘾，最终形成了坏习惯，后果不可收拾。

宝爸没有带好头，表率作用不好，宝爸自己不讲诚信，自己撒谎，让“神兽”亲眼看到、亲耳听到，出现了上行下效的结果。

宝爸没有立规矩，家教不严格，没有奖惩手段，出现了失信得不到惩罚、诚实得不到鼓励的局面。

宝爸没有主动带“神兽”去践行诚信，导致“神兽”对诚信的印象不深刻。

群主——博士李操心

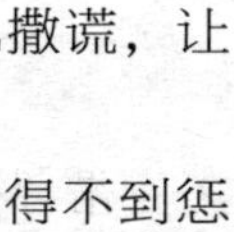

“神兽”不爱阅读、不爱学习，确实不明白失信、撒谎的危害，也不知道不诚实、撒谎成为习惯后，会给自己带来什么样的

严重后果。

“神兽”为了达到目的，撒谎欺骗，满足私欲，乐此不疲。

“神兽”为了逃避责罚，故意推卸责任，混淆是非。

“神兽”为了满足虚荣，故意编造理由，夸大其词，以引起别人的夸赞与注意。

“神兽”受一些画报、影视作品的影响，故意模仿，不以为耻，反以为荣。

群员——宝爸 04：请各位爸爸支招，提供解决问题的办法。

副群主——心理专家王细心

通过讲中国历史、讲家史，让“神兽”牢记，诚信是中华民族的传统美德，是优良家风的一部分，是做人的前提。

通过给“神兽”讲家规与家训，告诉“神兽”说老实话，办老实事，做老实人，才能得到人们的信任和理解，得到他人的支持与帮助。

通过鲜活的案例，让“神兽”知道一个不讲诚信、喜欢撒谎的人，只能伪装一时，不能伪装长远，最终会把自己毁灭在谎言的陷阱里，结局会很凄惨。

宝爸要以身作则，任何时候都要给“神兽”当好榜样。

群军师——哲学家张辩证

带“神兽”进图书馆、新华书店，参观图书展等，科学引导“神兽”读好书，勤思考，让“神兽”通过学习优秀人物的事迹，明白“诚信”二字的重要性，并把“诚信”二字牢记在心中。

通过案例，给“神兽”讲清楚，人一旦失去了“诚信”二字，就会失去友情、亲情，甚至会失去一切。

让“神兽”养成每天反省的好习惯，看自己有无失信的言行，有则改之，无则加勉，不能拖延。

通过游戏的方式，引导“神兽”从小事着手，谨言慎行，言出即行，行必有果，把守信看成人生大事。

充分利用重大节日，主动带“神兽”参观各种先进人物的展览、名人故居，通过看和听，明白讲诚信的重要性。

群参课——体育教练徐健身

要允许“神兽”犯错误，欢迎“神兽”改正错误。避免家庭暴力。

给“神兽”改正错误的时间。如果孩子犯了错误，如实地承认了错误，不能以粗暴的方式惩罚“神兽”。以粗暴的方式对待孩子，就等于批评“神兽”诚实。

要善于表扬“神兽”的诚实态度，指出“神兽”的错误，帮助“神兽”改正错误，这样在“神兽”的心中就不会对犯错误产生恐惧感。反而会明白一个道理，犯了错误不可怕，只要诚实面对，勇于承认，积极改正就可以了，逐渐养成说实话的习惯。相反，如果“神兽”隐瞒了错误，为了达到私欲，颠倒是非，故意撒谎，就要对其进行适当的惩罚了。

引导“神兽”写激励语，张贴在家里明显的位置，每天都能提示，每天都能把“诚信”二字印刻在脑子里。

如：诚信是一种素质。

诚信是立足之本。

诚信需要勇气。

诚信需要坚持。

群公告

牢记在心中：务必要告诉“神兽”——诚信是做人的根本，是家规、家训里必须要有的内容，谁都不能在“诚信”二字上犯糊涂。

每日“五个一”工程

- □ 陪伴“神兽”朗诵一首诗
- □ 陪伴“神兽”画一幅画
- □ 陪伴“神兽”户外运动
- □ 陪伴“神兽”看《新闻联播》
- □ 陪伴“神兽”自然聊天儿

亲子作业

“神兽”，你诚信吗？是（　　）否（　　）

请“神兽”回忆出自己诚信的一件事。

____

宝爸与“神兽”感悟到了什么呢？

A.______________________________

B.______________________________

06
遵纪守法的话题

群员——宝爸 06 紧急求救

“神兽”闯红灯了

宝爸 06

我家的“神兽”三代独苗，全家人都宠着他。“神兽”平时天不怕，地不怕，经常说的几句话——“谁也不敢惹我，我爸会武术，是大老板，是……”

暑假的一天，“神兽”外出买东西，路过红绿灯。红灯亮了，“神兽”视而不见，大摇大摆地闯红灯。半路，被一辆三轮车撞伤了，痛苦不堪，需要住院治疗。

人们问他为什么不遵守交通法规，随意闯红灯呢？

“神兽”口无遮拦地说：“我爸就是这样，跟我爸学的。他开车经常闯红灯，还说没有他怕的事，没有他不敢做的事。”

人们听完，扭头看着我。我羞愧难当，无言以对，只能自食其果，苦水往自己的肚子里咽。

这件事告诉我，“神兽”不遵纪守法，我行我素，通常与爸爸的言行有关系。如果希望“神兽”遵纪守法，宝爸必须当好遵纪守法的模范。

群主——博士李操心

这件事告诉宝爸，“神兽”不遵纪守法，随意闯红灯，与宝

爸平时对"神兽"缺失遵纪守法的教育有关系，要引起宝爸的重视，以免导致无法挽回的后果。

副群主——心理专家王细心

王细心总结出一些宝爸眼里"神兽"的问题：

"神兽"遇到红绿灯，随意闯红灯，不走斑马线。
"神兽"随意踩踏草坪。
"神兽"一言不合，就与别的孩子打架。
"神兽"胆子大，在公园里随意摘花。
"神兽"不吃亏，打架敢使用"武器"。
"神兽"竟然偷着游野泳、滑野冰，马路上玩滑板。
"神兽"在学校调皮捣蛋，天天犯错误。
"神兽"脑子里根本就没有"遵纪守法"这四个字。

群军师——哲学家张辩证

张辩证了解到一些"神兽"眼里宝爸的问题：

我爸经常迟到早退。
我爸开车有时悄悄地走应急车道、自行车道。
我爸去公园时，随意摘花，踩踏青草。
我爸在禁烟的地方，悄悄地抽烟。
我爸经常不走斑马线，随意闯红灯。
我爸在不让钓鱼的水库里偷偷钓鱼。
我爸在禁放烟花爆竹的时间里燃放鞭炮。
我爸进超市悄悄摘下口罩。
我爸在公交车上悄悄摘下口罩，受到批评后，还发牢骚。

群参谋——体育教练徐健身

徐健身与"神兽"们交谈，得知一些"神兽"的心声：

爸爸让我遵纪守法，我不知道什么是违纪违法？
我还小，遵纪守法与我无关。

处处受约束，我才不愿意呢！

我没有遵纪守法，也没有什么损失呀！

爸爸没有认真严肃地对我讲过遵纪守法的重要性、严肃性。

只要不杀人放火，干什么都无所谓。

犯点儿小错，不算什么事。

爸爸不主动带我去参观警示教育展览。

群员——宝爸06问：如何寻找根源呢？请各位爸爸指教。

群监督——艺术家赵广泛

宝爸对“神兽”的管理过于宽松，发现“神兽”违纪违法后，不能严肃、认真、及时地批评、惩罚“神兽”，也不提出警告，等于放纵了“神兽”。

宝爸当着“神兽”的面，违法乱纪，导致法律规章成了一张废纸。

宝爸没有结合“神兽”的年龄特点，系统、认真、严肃地给“神兽”讲法规，忽视了这方面的教育。

宝爸不会借助警示宣传周、月、年，开展现身说法教育。

宝爸不爱学习，脑子里没有法律意识。

群主——博士李操心

“神兽”不爱学习，头脑里没有意识到遵纪守法的重要性。

“神兽”的内心深处没有认识到关键时候违纪违法就是鲜血、就是“铁牢”，就是生命的代价。

“神兽”有侥幸心理，总觉得年龄小，违纪违法没有人知道、没有人看见、没有人管，做了、说了也没有人追究。

“神兽”不爱学习法律知识，喜欢模仿画报、影视剧里的“坏人物”，不知“美丑”。

“神兽”被宠坏了，不知道家规与家训，没有敬畏感，逞能、当“霸王”、破坏物品的想法稀奇古怪。

“神兽”效仿宝爸的言行，只要是宝爸说过的话、做过的事，自己就敢说、就敢做。

群员——宝爸 04：请各位爸爸支招，提供解决问题的办法。

副群主——心理专家王细心

以身作则最重要，给“神兽”做出好榜样，要求“神兽”遵纪守法，最主要的是宝爸自己应该自觉地遵纪守法，用言行教育“神兽”、影响“神兽”、感悟“神兽”，让“神兽”在爸爸身上看到遵纪守法的自觉性。

通过案例，反复给“神兽”讲遵纪守法的重要性，明确底线教育，不能放松对“神兽”的要求，科学引导“神兽”学习法律知识，增强法律意识，知道什么是违法乱纪行为，自觉按照法纪规章办事。

群军师——哲学家张辩证

让“神兽”知道无论有天大的本领，如果不遵纪守法，随心所欲，只追求“自由”，不服从管理，必将会遭受失败的厄运。

利用一切机会，特别是与“神兽”打球、跳绳、游泳、爬山的过程中，告诉“神兽”遵纪守法不但对自己重要，而且与大家共同的利益有着千丝万缕的联系，谁都要遵守。这样家庭、学校、社会才有秩序，社会才会有安定、和谐的局面。

通过给“神兽”讲法规，让“神兽”明白一个道理——从小放纵自己，养成自由散漫，天不怕、地不怕的坏习惯，长大了必然会受到惩罚。

通过血的案例，嘱咐“神兽”不能感情用事，不能被“哥们儿义气”蒙蔽眼睛，遇事要冷静，不能冲动。现实生活中很多违法乱纪的行为不是主观故意，而是“一过性”的冲动导致的。“神兽”要学会克制，遇到复杂情况，要多问几个为什么？要问问是不是违法违规了，是不是要付出沉重的代价等，冷静了以后，也就知道该怎么办了。

群参谋——体育教练徐健身

要让“神兽”知道，遵纪守法是每个公民必须牢记的大事，法律是公正的，也是无情的，谁触犯了法律，必然要受到应有的

制裁。

采取模拟法庭、游戏、情景剧等方式，认真引导“神兽”学法、知法、懂法。我国的法律对每个人都很公平，“神兽”年龄小，也要认真学习《宪法》《刑法》《民法典》《未成年人保护法》《预防未成年人犯罪法》《教育法》等有关法律，知道如何用法律保护自己，知道自己可以干什么、不可以干什么，始终在法律法规的框架内活动，一生才顺当。

经常带“神兽”听法制讲座，参观法制宣传展览，走进法官审判现场，用鲜活的案例教育“神兽”，让“神兽”从中受到教育、警示，心存敬畏之心。

告诫“神兽”不要有侥幸心理，牢记一句俗语——“要想人不知，除非己莫为。”

要注重口号的作用，在家里的明显位置贴一些关于遵纪守法的提示语，让“神兽”每天都能看见、都能思考，悟出遵纪守法的重要性。

如：遵纪守法是必需的事！

自觉遵纪守法！

法律不相信眼泪！

知法、懂法、守法！

法律面前人人平等！

群公告

牢记在心中：当一个人失去了自由时，才知道自由的珍贵。一个人如果养成了遵纪守法的好习惯，变被动为自觉，就会终身受益。

每日“五个一”工程

- □ 陪伴“神兽”朗诵一首诗
- □ 陪伴“神兽”画一幅画

□ 陪伴“神兽”户外运动

□ 陪伴“神兽”看《新闻联播》

□ 陪伴“神兽”自然聊天儿

亲子作业

“神兽”，你遵纪守法吗？是（　　）否（　　）

请“神兽”回忆出自己遵纪守法的一件事。

____

宝爸与“神兽”感悟到了什么呢？

A.______________________________

B.______________________________

群公告二
用传统的家风训诫“神兽”

01
勤俭的话题

群员——宝爸 07 紧急求救

“神兽”气得姥姥、姥爷没有食欲了

宝爸 01

暑假的一天，我们家的“神兽”看上家门口商场里的一件八百多元的电子玩具（航模机），闹着要买。姥姥、姥爷没有答应“神兽”的要求。第二天，“神兽”自己用压岁钱偷偷地买了。气得姥姥、姥爷连续几天唉声叹气，没有食欲，精神不佳。

我知道此事后，气得真想打“神兽”一顿，最后还是忍住了。我问“神兽”为什么大手大脚，不知道节约呢？

“神兽”理直气壮地说：“你平时穿名牌、抽好烟、喝好酒、开好车，你节约了吗？你逢人就说：‘人这一辈子吃了、玩了、穿了、用了也就值了，别跟自己过不去。’我觉得你说的有道理，所以，拿出压岁钱买了航模机。”

听完后，我面红耳赤、哑口无言，认识到是自己带坏了“神兽”。原来我就是背后的“黑推手”呀！

各位宝爸们千万不要学我，这件事忽然让我清醒了，“神兽”不勤俭节约，与宝爸的言行有关系，需要引起重视。

群主——博士李操心

这件事告诉“宝爸”们，“神兽”不勤俭节约，一定有原因，务必要引起宝爸们的重视，以免出现严重后果，追悔莫及。

副群主——心理专家王细心

王细心总结出一些宝爸眼里“神兽”的问题：

“神兽”游乐场里玩游戏，一个接一个地玩，花钱如流水。

“神兽”不好好吃饭，偷着买价格不菲的零食吃。

“神兽”吃饭挑三拣四，遇到不喜欢的，随手就扔掉了。

“神兽”玩具一大堆，还要买。

“神兽”见到饮料真舍得花钱买。

难道“神兽”不知道勤俭节约的重要性吗？

“神兽”读过一些关于节约的故事、文章，背诵过关于珍惜粮食的诗词，可是不照着去做。

“神兽”闹着换新手机。

“神兽”竟然偷偷地叫外卖。

群军师——哲学家张辩证

张辩证总结出一些“神兽”眼里宝爸的问题：

我爸经常说吃好点儿，不能亏待自己的肚子。

我爸舍得花钱喝好酒。

我爸抽的烟好几百元一条。

我爸就喜欢买名牌衣服、皮鞋、腰带、手表、领带、手套、围脖。

我爸动不动就“下馆子”。

我爸经常说钱就是要花的，是让人享乐的。

我爸的手机常换，总是最新款的。

我爸总想换高级轿车。

我爸总是叫外卖，不自己做饭。

我爸出门就打车，不爱坐公交车、不爱走步。

群参谋——体育教练徐健身

徐健身通过与“神兽”们交谈，得知一些“神兽”的心声：

亲戚给我的压岁钱，我可以随便花，给谁留着呀！

买了好玩具，同学们就会羡慕我。

勤俭节约，显得很寒酸，会被同学们瞧不起的。

我爸挣的钱多，我花点儿，应该的呀！

玩具、饮料、零食能花多少钱呀？有什么好节约的呢？

我爸做的饭菜不好吃，就是想叫外卖。

我爸爱花钱，我也就爱花钱了。

群员——宝爸 07 问：如何寻找根源呢？
请各位爸爸指教。

群监督——艺术家赵广泛

宝爸没有制定严格的家规、家训，更没有良好的家风，溺爱过度，导致“神兽”自由散漫。

宝爸没有原则，一切随“神兽”满意，生怕“神兽”受一点儿委屈，把“神兽”宠上了天。“神兽”要什么，无论需要与否，总是一一满足：吃大餐，穿名牌，买高级电动玩具，游乐场玩游戏。“神兽”在心理上出现了享受惯性，一旦消费要求被拒绝，就会出现强烈的对抗情绪，轻则哭天抹泪，重则以死相要挟，甚至离家出走。这样的严重结果，恐怕不是宝爸为“神兽”花钱的初衷！宝爸们应当警醒。

宝爸没有以身作则。宝爸自己不勤俭节约，在“神兽”面前没有遮拦，讲吃、讲穿、讲享乐、讲不正确的消费观，给“神兽”造成了不良的心理暗示。

群主——博士李操心

“神兽”对家规、家训视而不见，缺乏敬畏之心，享乐至上，生活条件优越，被大人们宠着，对“勤俭”二字十分陌生。

“神兽”唯我独尊，以我为中心，不会换位思考，根本不体谅家长的苦心与艰辛，只知道快乐消费，认为是理所应当的事。

“神兽”没有感恩之心，十分任性，片面地认为花钱是应该的，父母挣钱就是给自己花的，就是让自己开心的。

“神兽”攀比之心强烈，同学有的，自己也要有，总之不能没有面子。

“神兽”不爱学习，不爱参加与勤俭节约有关的社会实践活动，认为勤俭节约过时了，是爷爷、奶奶、姥姥、姥爷、爸爸、妈妈那辈人的事。

群员——宝爸07问：请各位爸爸支招，提供解决问题的办法。

副群主——心理专家王细心

通过讲家史的方式，告诉“神兽”勤俭节约是中华民族的传统美德，是良好家风传承的根本。中华民族的子孙代代相传，千百年来一直以俭为本，以朴为荣，是做人的基石，因此必须把勤俭节约教育贯穿于“神兽”成长的始终，不能马虎。

有重点地引导“神兽”向先进模范人物学习，让“神兽”自觉地把精力放在学习上，不与同学比消费、穿戴、玩具，而是与同学比学习、比思想、比纪律、比卫生、比进步。

用实际行动，主动带领“神兽”一起开展节约一点儿水、一粒粮、一支笔、一张纸的活动，在“神兽”幼小的心灵里埋下勤俭节约的种子。

可以与“神兽”一起参加户外运动，关系密切后，边运动边“见缝插针”，给“神兽”灌输勤俭节约的道理，这样“神兽”容易听进去。

群军师——哲学家张辩证

改变教育方式。采用“神兽”能接受的方法，把“勤俭节约”这四个字刻印在“神兽”的脑海里。如通过讲故事、做游戏、表演情景剧、现身说法等，不厌其烦地给孩子讲传统故事、讲历史故事、讲祖先的奋斗历程，使“神兽”明白现代好生活来之不易，要珍惜。

要学会“狠”心。从现在开始务必要彻底改变“宠爱式”教育，要有原则、有底线。多带“神兽”参观革命历史展览、创业基地、战争遗址、烈士纪念碑、红色根据地等，给“神兽”讲述过去难忘的奋斗与发展历程，让

“神兽”从中受到启发，引起心灵的震撼。

要经常带“神兽”到艰苦的地方走一走，让“神兽”亲身体验一下艰苦的环境，勤劳的人们是如何生活的、是如何改变生活面貌的，使“神兽”受到教育。

如果条件许可，可以主动带“神兽”去体验生活，使“神兽”受到感染，让“神兽”在艰苦中寻找快乐，最终使“神兽”的思想发生变化。

群参谋——体育教练徐健身

根据“神兽”的年龄、身体情况，科学指导“神兽”参加社会公益活动，如环保活动、“手拉手”活动、“帮扶”活动、植树造林活动、敬老活动，使“神兽”在社会实践中获得快乐，明白勤俭节约的道理。

宝爸要自律，以身作则，带头勤俭节约，不乱花钱，不铺张浪费，消费上低标准，学习上高标准，让“神兽”在爸爸的身上看到节约的影子。

引导“神兽”阅读，在书中寻找做人的道理，学以致用，把书本上勤俭节约的道理用在实际生活中，做一个勤俭节约的好少年。

加深“神兽”对勤俭节约的印象，在家庭里形成勤俭节约的氛围，可以在家里醒目的位置贴上一些勤俭节约的提示语，让“神兽”每天都能看见，都能有思考，悟出勤俭节约是美德，是做人之本。乐观生活，快乐学习，日积月累，就会形成勤俭节约的好品质。

如：勤俭节约从我做起！

勤俭节约是一种素质！

勤俭节约光荣！

群公告

牢记在心中：要让“神兽”明白勤俭节约对自身成长的重要性。

要让“神兽”深刻认识到勤俭节约是中华民族的传统美德。

每日“五个一”工程

- ☐ 陪伴“神兽”朗诵一首诗
- ☐ 陪伴“神兽”画一幅画
- ☐ 陪伴“神兽”户外运动
- ☐ 陪伴“神兽”看《新闻联播》
- ☐ 陪伴“神兽”自然聊天儿

亲子作业

“神兽”，你勤俭节约吗？是（　　）否（　　）

请“神兽”回忆出自己勤俭节约的一件事。

____

宝爸与“神兽”！你们感悟到了什么呢？

A.______________________________

B.______________________________

02
孝敬的话题

群员——宝爸 08 紧急求救

“神兽”气病了爸爸

宝爸 08

前几天，同事小聚，我喝多了，摇摇晃晃地进家了，躺在沙发上喊口渴。“神兽”听见我喊口渴，依旧在自己的房间里打游戏，不给我送水。我怒火攻心，猛地站起来想去骂“神兽”几句，但头昏脑涨，摔倒在地板上，不省人事。

恰好，我媳妇儿从厨房出来，发现情况不对，急忙拨打了“120”电话，医生赶来后，紧急抢救，转危为安。现场的医护人员问“神兽”为什么不给爸爸拿水，惹爸爸生气。

“神兽”拿着游戏机，面无表情地说：“不拿、不拿，就是不拿！我爷爷生病住院，爸爸从来不去看望，也不给爷爷买东西吃。平时，爸爸对爷爷的态度也很恶劣，我也不愿给爱喝酒的爸爸拿水。”

在场的人们听完“神兽”的话，个个表情惊愕，不知说什么才好。我也被“神兽”的话惊呆了，十分羞愧，感到无地自容。

这件事让我清醒了许多，宝爸不孝敬老人，给“神兽”做了坏榜样，值得深刻反思。

群主——博士李操心

这件事告诉“宝爸”们，“神兽”不敬老的问题是一个严肃的话题，务必要引起宝爸们重视，以免毁掉“神兽”的一生。

副群主——心理专家王细心

王细心总结出一些宝爸眼里“神兽”的问题：

“神兽”不关心爸爸，只关心自己，几乎没有说过爸爸辛苦了。
“神兽”平时不和爸爸交流，甚至故意躲着爸爸。
“神兽”对爸爸态度生硬，没有礼貌。
“神兽”故意与爸爸对着干，不听话。
“神兽”自私、任性，提出的要求不被答应就与爸爸生气。
“神兽”看不见爸爸工作辛苦，平时没有任何关心问候的话语。
“神兽”嫌弃爸爸没有地位、没有金钱，甚至瞧不起爸爸。
“神兽”犯了错误，不但不接受批评，甚至顶撞爸爸，还强词夺理。
“神兽”上学，早上还要爸爸叫醒，衣来伸手，饭来张口。
“神兽”知道家规、家训、家风是什么，就是不遵照执行。

群军师——哲学家张辩证

张辩证了解到了一些“神兽”眼里宝爸的问题：

爸爸经常责怪爷爷、奶奶。
爸爸对爷爷、奶奶没有好脾气。
爸爸很少主动回去看望爷爷、奶奶。
爸爸平时不舍得给爷爷、奶奶买东西。
爸爸几乎不帮爷爷、奶奶干活儿。
爸爸不给爷爷、奶奶钱。
爸爸不陪爷爷、奶奶去医院看病。
爸爸没有给爷爷、奶奶过生日。
爸爸很少主动给爷爷、奶奶打电话问好。
爸爸不按照家规、家训去做，我行我素。

群参谋——体育教练徐健身

徐健身通过与“神兽”们交谈，得知一些“神兽”的心声：

为什么要孝敬长辈呢？长辈太强大了，不需要我孝敬。
我是未成年人，谈什么孝敬长辈呢？长大了再孝敬长辈吧！
我没有钱，让我怎么孝敬长辈。
爸爸结婚生了我，就要养育我。
爸爸总是冲我发火甚至打我，我恨不得远走高飞。
孝敬长辈有什么标准吗？我不知道，没有人告诉我。
有的长辈不值得我孝敬，长辈自己都没有做好。
我不知道家规、家训、家风、家史的内容。

群员——宝爸 08 问：如何寻找根源呢？请各位爸爸指教。

群监督——艺术家赵广泛

宝爸在养育“神兽”时，忽视了孝敬教育，总认为“神兽”长大了就知道孝敬了，甚至有意无意地让“神兽”与孝敬分离，使“神兽”缺乏生活常识，不知道孝敬是什么？为什么要孝敬？

宝爸对“神兽”溺爱过了头，什么也不舍得让“神兽”做，甚至阻拦“神兽”孝敬，使“神兽”只是知道“孝敬”二字，却不知道怎么做，具体要做什么，做到什么程度。

宝爸自己没有起到榜样的作用，不主动孝敬长辈，不尊重长辈，对长辈没有耐心，过年过节不主动问候，甚至对长辈不礼貌，让“神兽”看见了不光彩的一面，给“神兽”留下了难以抹去的阴影。

宝爸忽视了带“神兽”外出受教育的环节，不能利用社会上开展的孝敬活动，让“神兽”参与进去，身临其境地感受孝敬的真实含义。

宝爸不注意培养感情，亲子关系紧张，导致“神兽”避而远之。

群主——博士李操心

“神兽”根本不知道孝敬的本质，心里只有自己，独惯了，一切以自己为中心。看书学习与实际行为“两张皮”，嘴上说的与做的完全不一样。

“神兽”根本不知道长辈工作与生活的不容易，不理解长辈。甚至不知道没有爸爸就没有自己的道理，对家庭的延续也是一无所知。

“神兽”不知道历史上许多著名人物都是孝敬的楷模，成功人士与有水平的人，都懂得“孝敬”二字的真正含义。

“神兽”模仿能力强，喜欢模仿影视作品、书刊与画报里的负面人物，不知不觉中自己也变得不孝敬了。

群员——宝爸 08 问：请各位爸爸支招，提供解决问题的办法。

副群主——心理专家王细心

通过生动的案例，让“神兽”认识到不孝敬长辈会被人鄙视，没有大出息，更不会有真正的幸福。

通过新闻、游戏、情景剧、讲故事等，让“神兽”明白一个道理：孝敬长辈是天经地义的事，应该牢记在心头，这是做人的根本。

要让“神兽”知道自己对于爸爸来说意味着什么，要经常给“神兽”看成长的记录，把“神兽”上幼儿园的照片、奖状、生日照、家庭聚会照给“神兽”看，让“神兽”感受家庭和亲情。

群军师——哲学家张辩证

制定家规、家训，如实地写出家史，引导“神兽”参与家庭生活，把家庭收入、开支（生活费、水电费、老人赡养费、煤气费、看病、生活用品费用、学费等）如实地告诉“神兽”，让“神兽”知道过日子是怎么回事，参与到家庭生活中来。

结合日常生活，锻炼“神兽”，巧妙地给“神兽”创造机会，鼓励“神兽”干家务。如买菜、做饭、洗衣服、招待客人、垃圾分类、洗马桶、拖地板等，让“神兽”知道干家务是应该的，是分内的事，不是可有可无的事。

建立“神兽”孝敬记事本，把“神兽”说的话、做的事一一记录下来，好的及时表扬，不好的提出批评，提出改正方法、时间等。

群参谋——体育教练徐健身

改善亲子关系，经常带“神兽”外出活动，给“神兽”讲24孝的典故，讲历史名人孝敬的故事，让他背诵《弟子规》，使“神兽”明白孝敬是做人的根本。

宝爸务必要做好榜样，给“神兽”做好示范，让“神兽”在孝敬的家庭里受到感染，在“神兽”心里留下孝敬的“模板”，激励“神兽”自觉地继承孝敬的传统美德。

引导“神兽”读好书、会读书，在书中明白孝敬的真谛，努力去尽孝。

让“神兽”知道“孝敬”不是简单的两个字，而是需要付出艰苦的努力，有时甚至是巨大的代价。

注重口号的作用，与“神兽”一起在家里的明显位置贴上一些关于孝敬的提示语，让“神兽”每天都能看见、都能思考，都能悟出孝敬是做人之本，日积月累，就会形成孝敬的好品质。

如：孝敬是一种素质！

孝敬赢得一切！

爸爸，您辛苦了！

爷爷，您喝茶水！

群公告

牢记在心中：孝敬要发自内心，形成习惯，无怨无悔，持之以恒，坚持下去。

每日“五个一”工程

□ 陪伴“神兽”朗诵一首诗
□ 陪伴“神兽”画一幅画
□ 陪伴“神兽”户外运动
□ 陪伴“神兽”看《新闻联播》
□ 陪伴“神兽”自然聊天儿

亲子作业

“神兽”，你孝敬吗？是（　　）否（　　）

请“神兽”回忆出自己孝敬的一件事。

____

宝爸与“神兽”感悟到了什么呢？

A.____

B.____

03
吃亏的话题

群员——宝爸 09 紧急求救

“神兽”竟然骂同学

宝爸 09

前几天，我家的“神兽”因为在班级打扫卫生，与同学吵架，一气之下，动手打了同学。同学被打得流鼻血了，第二天，同学家长来学校找“神兽”算账。老师了解了情况，制止了事态的发展。

原来，放学后打扫教室卫生，“神兽”认为自己干多了，多擦了几张桌子，多倒了一趟垃圾，多擦了一块玻璃，吃亏了，出教室时骂同学“懒虫”。

有位同学气愤不过，与他吵了起来，被他打伤了。被打伤的同学家长不依不饶，把“神兽”吓坏了。

老师严肃批评了“神兽”，说“神兽”自认为干得多，斤斤计较，不包容同学，骂人打人的错误行为，同时详细地讲解了吃亏是福的道理。

“神兽”明白吃亏是福的道理后，主动向同学承认错误，表示坚决改正。最后说了一句让大家非常尴尬与震惊的话——“我爸天天嘱咐我在外面不能吃亏。”

“神兽”的话虽然直白，但说明了一个严肃的问题——宝爸的言行对“神兽”的成长极为关键。

群主——博士李操心

这件事告诉“宝爸”们，“神兽”不知道吃亏是福的道理，形成了斤斤计较的处事方法，值得宝爸深思。

副群主——心理专家王细心

王细心总结出一些宝爸眼里“神兽”的问题：

“神兽”在学校做值日，多干了点活，就与同学生气，或闷闷不乐。

“神兽”在公共汽车上、地铁里被人踩了一脚，与人家吵架，用眼睛瞪人等，不依不饶。

“神兽”参加班集体活动时，付出的精力、财力、物力多了，就抱怨同学滑头、懒惰、狡猾等。

“神兽”与同学玩时，自己的玩具不许同学玩。

“神兽”的课外书籍很多，不愿意借给同学看。

“神兽”有好的学习方法，深藏不露，不主动与同学分享。

“神兽”不愿意帮助同学，总是抱着多一事不如少一事的态度。

“神兽”特别在意春节长辈给的压岁钱的数额，亲戚朋友多给自己可以，要求家长不能多给其他孩子。

群军师——哲学家张辩证

张辩证了解到一些“神兽”眼里宝爸的问题：

我爸经常说在外面不能吃亏。

我爸经常嘱咐我在学习上不要傻乎乎地帮助同学，同学会了，你就倒数排名了。

我爸总说在外面多一事不如少一事。

我爸在单位加班时，讨价还价，总说不能白干。

我爸的同事找他帮忙，他总是以各种借口推辞。

我爸不借给同事、朋友与亲戚钱，有钱也说没有钱。

我爸总是想占别人的便宜。

群参谋——体育教练徐健身

徐健身通过与“神兽”们交谈，得知一些“神兽”的心声：

为什么要吃亏呢？

吃亏就是脑子进水了，自找苦吃，我才不想呢？

我只管自己的事情，班里的事情该谁干谁干，与我无关。

有的同学爱占便宜，我为什么吃亏呢？

现在谁还讲吃亏呀，同学们会笑你傻。

吃亏时候久了，同学们就故意欺负你。

真吃亏了，爸爸会骂我傻。

群员——宝爸 09 问：如何寻找根源呢？

请各位爸爸指教。

群监督——艺术家赵广泛

宝爸没有耐心，不主动给“神兽”讲吃亏是福的道理，甚至还给“神兽”灌输不能吃亏的道理，教“神兽”如何占便宜的妙招，等于纵容“神兽”去与同学争，最终使“神兽”受到伤害。

宝爸没有以身作则，言行都是斤斤计较，处世哲学就是不能吃亏，只能占便宜，“神兽”耳濡目染，逐渐形成了不能吃亏、只能占便宜的处事态度。

宝爸娇惯、溺爱“神兽”，在家里处处以“神兽”为中心，给孩子好吃的、好穿的、好用的，无底线地满足“神兽”，导致“神兽”自私自利、随心所欲。

群主——博士李操心

“神兽”平时不注意学习，对家规、家训、家史、家风一无所知，不明白做人的道理。根本不明白同学之间交往，吃亏不是坏事，从长远来看是好事，能真实地反映出人的本性与德性，能得到同学的尊重与信赖，更重要的是使自己的心胸开阔、精神愉快。

“神兽”在网上流览，脑子里充斥着“暴力”与“抢夺”。不懂得分辨阅读内容。

“神兽”是独生子女，平时在家里都是被大家让着，很少让着别人，所以“神兽”的字典里没有“吃亏”二字，这就容易产生惯性，总是希望别人让着，一旦不能达到愿望，就会烦躁、困惑、怄气，或者失去理智。

“神兽”模仿爸爸，按照爸爸的模式办事。

群员——宝爸 09 问：请各位爸爸支招，提供解决问题的办法。

副群主——心理专家王细心

通过户外活动，密切亲子关系，边玩边告诉“神兽”吃亏不是什么方面都吃亏，大事讲原则，小事讲风格。不是原则上的事，该吃亏的地方，就不要去争，主动乐观地吃亏。原则上的事情，不该吃亏的大事坚决不吃亏。

通过寓言故事等，告诉“神兽”从现在开始就要有吃亏意识，不能光想着占便宜。天底下没有只占便宜不吃亏的道理，这是永恒的真理。

认真宣讲国学知识，引导“神兽”学古代人之风。古人交往以吃亏为荣，如借邻居半碗米，还给一碗来；借邻居 9 个鸡蛋，还给 10 个；借邻居 20 个铜板，还给 21 个铜板等。这种吃亏是自愿的，是人与人交往的基本原则。

要鼓励“神兽”主动学习古人的交往方式，要尽量想着多给对方一点，多帮助对方。

在结合特殊的场合，给“神兽”讲家史、家训、家规与家风，增强“神兽”的家族荣誉感。

群军师——哲学家张辩证

多带“神兽”外出参观学习，引导“神兽”积极主动地助人，快乐、真诚地与人交往。平时，主动帮助同学、关心同学，急同学之所急，想同学之所想，不要斤斤计较，要敢于付出精力、时间和物质，最终才能赢得同学的赞誉和尊重。

要肯定“神兽”出于真心，无论帮助别人做什么，或者主动想干什么，都要建立在自愿、主动、真诚的基础上，不要抱怨，更不能心存不满，为了蝇头小利与别人争。

要与“神兽”一起读健康的好书，检查“神兽”读的课外书，分享读书的快乐。

宝爸要以身作则，在“神兽”面前，要大度，要有吃亏精神，让“神兽”在爸爸身上感悟到吃亏的风度，明白做人的道理。

群参谋——体育教练徐健身

要注重口号的作用，在家里的明显位置贴上一些关于吃亏是福的提示语，让“神兽”每天都能看见、都能思考，都能悟出吃亏是福的重要性，乐观生活，快乐学习，日积月累，就会养成不怕吃亏、愿意吃亏的好品质。

如：吃亏能增进友谊！

吃亏需要学习！

吃亏是福！

吃亏是大度的表现！

群公告

牢记在心中：吃亏是一种境界，能直接反映出人心向善的一面，能积累人气，赢得无数人的尊敬。

每日“五个一”工程

- □ 陪伴“神兽”朗诵一首诗
- □ 陪伴“神兽”画一幅画
- □ 陪伴“神兽”户外运动
- □ 陪伴“神兽”看《新闻联播》
- □ 陪伴“神兽”自然聊天儿

亲子作业

“神兽”，你愿意吃亏吗？是（　　）否（　　）

请“神兽”回忆出自己吃亏的一件事。

____

宝爸与“神兽”！你们感悟到了什么呢？

A.____

B.____

04
爱心的话题

群员——宝爸 10 紧急求救“SOS”

“神兽”与物业人员吵架

宝爸 10

暑假的一天上午，小雨刚刚停，“神兽”出来踢足球。在小区中心花园的道路上看见了许多蚯蚓爬出来。“神兽”不管三七二十一，走上前，双脚使劲儿踩，不一会儿，踩死了数百条蚯蚓。物业人员发现后，立刻制止，同时告诉“神兽”蚯蚓是益虫，对土壤与植物的生长有好处。“神兽”不但不听，还与物业人员吵架。

恰好，学校的一位老师住在我们小区，看见了“神兽”的错误行为，当面批评“神兽”缺乏爱心、故意残害小动物。

“神兽”羞愧地低下头，红着脸说：“前几天下雨后，我爸带我出去打羽毛球，发现小区的草地里爬出来很多蚯蚓，在道路上蠕动着。爸爸担心影响打羽毛球，走上前去，踩死了一大堆蚯蚓，边踩边说，挡我者——死、死、死。”

大家听了“神兽”的话，都一脸惊愕。

我羞愧得无话可说，后悔当着“神兽”的面随意踩死蚯蚓，随意杀生，对“神兽”产生了负面影响，给“神兽”埋下了阴影，需要反思。

群主——博士李操心

这件事告诉“宝爸”们，“神兽”随意踩死蚯蚓，缺乏爱心，与“宝爸”的示范行为有直接关系，值得“宝爸”深思，如果不及时纠正，未来后果很严重，谁也不希望自己家的“神兽”没有爱心。

副群主——心理专家王细心

王细心总结出一些宝爸眼里“神兽”的问题：

“神兽”心中只有自己，很冷漠。

“神兽”不知道爱的含义，经常在爱的问题上讨价还价。

“神兽”随心所欲，只要自己开心，不管别人的感受。

“神兽”不愿意献爱心，将来可能是自私的人。

“神兽”不想付出，只想获取，做人的道理一点儿也不懂。

“神兽”的内心充满暴力，随意踩踏草坪、折树枝与鲜花。

“神兽”有时冷酷无情，长辈病了，没有一点儿关爱的表现。

“神兽”把爱看得很狭隘，唯我独尊，这很危险。

“神兽”不愿意付出精力献爱心。

“神兽”模仿影视作品、书报里的“坏角色”，随意伤害小动物，说狠话。

群军师——哲学家张辩证

张辩证总结出一些“神兽”眼里宝爸的问题：

爸爸经常说管好自己就可以了，献什么爱心呀！

爸爸一点儿爱心也没有，麻木冷漠。

爸爸只关心自己的事情，喝酒、抽烟、看电视、玩牌、打麻将、玩手机，对别的事情无动于衷。

爸爸经常踩踏草坪、折树枝与鲜花，还爬树照相。

爸爸见到路上的小虫子（蜘蛛、蚯蚓、蜻蜓、螳螂、青蛙、蚂蚱、蚂蚁等），无论是益虫还是害虫，统统“杀”死。

爸爸外出见到需要帮助的人与事，从来都是绕着走。

爸爸听说捐钱捐物，总是找借口逃避。

爸爸不爱看书，没有引导我参与社会上的献爱心活动，思想境界不高。

爸爸没有给我讲过家史、家规、家训与家风。

群参谋——体育教练徐健身

徐健身私下与一些“神兽”交谈，得知一些“神兽”的心声：

我的年龄还小，不具备献爱心的能力。
献爱心，费力、费时、费心，太傻了吧！
献爱心可能会“中招”，还是别自找麻烦的好。
我不知道献爱心的方式与方法。
为什么要有爱心，不知道？
献爱心是大人的事情，与我们未成年人没有关系。
没有机会参与献爱心活动。
真的献爱心了，同学可能会说我“傻帽儿”，爸爸可能会说我耽误学习了。

群员——宝爸 10 问：如何寻找根源呢？
请各位爸爸指教。

群监督——艺术家赵广泛

宝爸没有给“神兽”做好榜样，不主动去爱、去付出，自私自利，对人、对事、对动植物冷酷无情、麻木不仁，甚至残害动植物，无形中被“神兽”效仿。

宝爸没有耐心、细致地告诉“神兽”什么是爱心，导致“神兽”不知道爱的内涵，更不知道爱是互相的，在接受别人爱的同时，更要回报他人的爱、回报社会的爱。致使“神兽”只是贪婪地得到爱、被爱，这样很危险，长此下去，“神兽”的心灵会发生扭曲，丧失做人的基本原则。

宝爸发现“神兽”残害小动物、毁伤植物，不批评、不制止，甚至还夸赞“神兽”勇敢。

宝爸不给“神兽”讲家史、家训、家规与家风，也不引导“神兽”学习国学知识，心里缺乏爱心。

群主——博士李操心

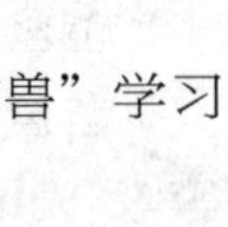

“神兽”认为现在根本没有无私的爱，付出爱心就要有回报，

这是一件很悲哀的事！“神兽”的内心如果不纯洁的话，不懂得做人的道理，长大以后，怎么能回报社会呢？

“神兽”简单模仿宝爸的言行，宝爸的言行就是指针，出现了上梁不正下梁歪的结果。

“神兽”把爱心当成可有可无的事，认为长大了就有爱心了。

“神兽”受不健康信息的影响，喜欢当“破坏王”，杀呀、打呀、整死你等口头禅不离口，中毒较深。

群员——宝爸10问：请各位爸爸支招，
提出解决问题的办法。

副群主——心理专家王细心

宝爸要知道一个简单的道理，“神兽”有爱心才有希望，才是成长的根本。爱心的种子必须种在幼小的心灵里，才能开出好花，结出好果。“神兽”如果从小没有爱心，不知道去爱别人、爱动植物，只知道索取爱，那么，成长中就会逐渐失去自我，心中的恨就会越来越多，恶性发展下去，就会与社会背道而驰。

通过讲国学知识，讲家史、家规与家训，让“神兽”明白，无私的爱是人间最真诚的爱，把更多的爱给需要帮助的人，不索要回报，更不需要表白，这是高贵的品德，这是做人的基本素养。

通过互动游戏、绘图和讲寓言故事，明明白白地告诉“神兽”，爱是世界上最美好的，一个人如果有了爱，看什么都是阳光的，看什么都是快乐的。爱使人懂得人间冷暖，懂得人间生活，懂得人与人之间如何沟通，懂得万物之美。

群军师——哲学家张辩证

通过案例，时刻提醒“神兽”，在成长的过程中，不能太独了，如果太独、太自私了，发展下去，最后没有好结果。

要让“神兽”学习家史，寻找祖先的足迹，知道爱是成长的出发点，也是成长的落脚点。所以，从小就要把爱的种子种植在“神兽”心中，“神兽”就会自觉地去爱父母、老师、亲人、爱动植物。

要让“神兽”明白，一个人成功是很困难的，需要一个集体，需要一个团队。所以，应想方设法地引导“神兽”去关心别人，去爱别人、爱大自然，“神兽”缺失了“爱心”这一课，将来就不会得到别人的爱和帮助！

要用行动告诉“神兽”爱，用好的思想影响“神兽”，“神兽”就会受到教育、受到感染，把爱扎根在心里。

群参课——体育教练徐健身

要注重口号的作用，在家里的明显位置与“神兽”一起贴上一些关于爱心的提示语，让“神兽”每天都能看见、都能思考，都能悟出爱心的重要性，乐观生活，快乐学习，日积月累，就会成为一位爱心满满的人。

如：爱心是一种素质！

爱心能增进友谊！

爱心需要学习！

爱心能使人快乐！

群公告

牢记在心中：爱心是人的天性，人人都应把献爱心记在心中，把无私的爱表现在具体的行动中，通过具体的行动，展示个人风采，回报社会。

每日“五个一”工程

☐ 陪伴“神兽”朗诵一首诗

☐ 陪伴“神兽”画一幅画

☐ 陪伴“神兽”户外运动

☐ 陪伴“神兽”看《新闻联播》

☐ 陪伴“神兽”自然聊天儿

亲子作业

“神兽”，你有爱心吗？是（　　）否（　　）

请“神兽”回忆出自己献爱心的一件事。

____

宝爸与“神兽”感悟到了什么呢？

A.____

B.____

05
劳动的话题

群员——宝爸 11 紧急求救

“神兽”遭到同学嘲讽

宝爸 11

周末上午，学校要求学生参加环保活动——在家门口的小区里捡拾垃圾，同学们陆陆续续来到了小区门口，共同等待着我家的“神兽”。

我走到带队同学面前，一本正经地说：“对不起了，‘神兽’肚子疼，请假。”

同学们开始劳动了，汗流浃背地捡拾着垃圾，赢得了小区里叔叔阿姨们的赞誉。

一位同学与我们家住同楼层，同学满身汗水走进楼门，恰好看见“神兽”拿着雪糕开门，疑惑地问：“你不是肚子痛吗？”

“神兽”悄悄地说：“装的，我不想劳动，不想捡拾垃圾。我爸也说草地里有虫子、狗屎，不卫生，主动给我去请假。让我保密，不许泄密。”

同学听完，看着我们家的“神兽”的背影，无言以对，不断摇着头。第二天，全班同学都知道了，“神兽”遭到了同学们的孤立与嘲讽。回家后，“神兽”默默无语，闷闷不乐。我反思了一夜，非常后悔，不该那样说话。

群主——博士李操心

“神兽”的话，说明了一个现实问题，宝爸表面上看是保护“神兽”，阻止“神兽”参加义务劳动，其实是歧视劳动，致使“神兽”也讨厌劳动，甚至撒谎躲避劳动，这其实是害了“神兽”。

副群主——心理专家王细心

王细心总结出一些宝爸眼里“神兽”的问题：

“神兽”不爱学习，脑子里就没有“劳动”二字。

“神兽”不知道为什么要劳动，更不明白劳动意味着什么？

“神兽”不愿意读家史，更不愿意背诵家训、家规，轻视劳动，只知道吃喝玩乐。

“神兽”在家里不干活，吃现成的饭，从不收拾屋子，只享受别人的劳动成果。

“神兽”不懂得劳动的重要性，趾高气扬，瞧不起劳动者。

“神兽”眼高手低，想得多，做得少。

“神兽”不尊重别人的劳动成果，不知道劳动者的辛苦，经常有意无意地破坏别人的劳动成果。

群军师——哲学家张辩证

张辩证总结出一些“神兽”眼里宝爸的问题：

爸爸不爱劳动，下班回家就抽烟、躺在沙发上看电视、玩手机。

爸爸经常说懒得做饭，叫外卖吧，既省时又省力。

爸爸在家从来不洗碗、扫地。

爸爸没有自己洗过衣服。

爸爸宁肯花钱雇人来打扫卫生，也不自己动手。

爸爸见到路边的普通劳动者，总是带着瞧不起的目光。

爸爸经常跟我说，在学校不要抢着干活儿，躲远点儿，谁爱干谁干。

爸爸不爱读书，不读家史，也不鼓励我参与公益劳动。

群参谋——体育教练徐健身

徐健身私下与一些“神兽”交谈，得知一些“神兽”的心声：

劳动不是我的事情，我长大了才能劳动。

我是未成年人，不能劳动。

大人不让我劳动，我也没有办法。

作业多，没有时间劳动。

劳动费时间、费力气，吃苦流汗，甚至可能有点儿小外伤，我才不愿意劳动呢！

劳动过程中，容易把穿的衣服弄脏了，我才舍不得呢！

劳动有危险，我害怕出事，所以就不劳动了。

劳动也没有人给钱，我才不“犯傻”呢！

群员——宝爸 11 问：如何寻找根源呢？
请各位爸爸指教。

群监督——艺术家赵广泛

宝爸过于溺爱“神兽”，根本不让“神兽”参加劳动。

宝爸没有对“神兽”进行劳动教育的意识，也没有具体行动，不给“神兽”创造劳动机会，让“神兽”对劳动有了误解。

宝爸没有认真系统地指导“神兽”去劳动，甚至还拦阻“神兽”去劳动，导致“神兽”畏手畏脚，对劳动有了陌生感。

宝爸自己也不了解家史、家规与家训，没有传承好家风，不爱劳动，好吃懒做，游手好闲，鄙视劳动者，对“神兽”产生了负面影响。

宝爸不爱读书，不能以正确的“三观”影响“神兽”。

群主——博士李操心

李操心总结出一些“神兽”的问题：

“神兽”总以大人不让劳动为借口，逃避劳动。

“神兽”的思想深处有鄙视劳动的想法，觉得劳动低下，让人瞧不起。

“神兽”总认为自己还小，属于未成年人，等长大了再劳动。

“神兽”没有被正确引导，养成了好吃懒做，坐享其成的习惯。

“神兽”不愿意吃苦受累，遇到劳动的事情，躲得远远的。

“神兽”从大人身上看到了不爱劳动的行为，听到了不爱劳动的话语。

群员——宝爸11问：请各位爸爸支招，提供解决问题的办法。

副群主——心理专家王细心

借助特殊的日子，通过讲家史、家规与家训，及早告诉“神兽”，热爱劳动是获得快乐的法宝。

多带“神兽”参观学习，告诉“神兽”劳动最光荣！是劳动创造了历史，是劳动创造了世界文明和灿烂的文化。劳动者最伟大，是最值得尊敬的人。劳动能给人智慧，劳动能使人体验成就感，劳动能使人生价值最大化。

要结合丰收的季节，告诉“神兽”劳动是一种美德，是光荣豪迈的事情，劳动是每一个公民神圣的义务。

要大胆地让“神兽”去劳动，“神兽”爱劳动、会劳动，对于磨炼意志、陶冶情操、铸造品德，提高实践应用能力具有不可替代的作用。

群军师——哲学家张辩证

结合日常生活，科学引导“神兽”做一些力所能及的家务劳动，让“神兽”参与洗碗、扫地、擦玻璃、择菜、动手做饭等。

要根据“神兽”的特点，不要让“神兽”长时间干一种单调的、乏味的、有危险的活儿，经常变换劳动内容。注意劳逸结合，不要让“神兽”太累，以防止出现厌恶心理。

要通过做游戏、体验生活等方式，培养“神兽”养成劳动的好习惯，不能着急，要循序渐进，逐步引导。

要恰到好处地鼓励“神兽”、肯定“神兽”、信任“神兽”，主动享受、接纳“神兽”的劳动成果，激励“神兽”对劳动产生热爱之心。

群参谋——体育教练徐健身

要注重口号的作用，在家里的明显位置，与“神兽”共同贴上一些关于劳动的提示语，让“神兽”每天都能看见、都能思考，悟出劳动的重要性，乐观生活，快乐学习，日积月累，就会热爱劳动、愿意劳动、主动劳动了。

如：劳动最光荣！

劳动使人心情舒畅！

劳动需要学习！

劳动者受人尊重！

劳动是本能！

群公告

牢记在心中：劳动能改变一个人，劳动充满着神奇的力量，能使懒惰之人变勤快，能使畏难之人变勇敢，能使愚钝之人变聪明，能使贪婪之人变慷慨。劳动最光荣，不劳动最可耻！

每日“五个一”工程

□ 陪伴“神兽”朗诵一首诗

□ 陪伴“神兽”画一幅画

□ 陪伴“神兽”户外运动

□ 陪伴“神兽”看《新闻联播》

□ 陪伴“神兽”自然聊天儿

亲子作业

“神兽”，你热爱劳动吗？是（　　）否（　　）

请“神兽”回忆出自己热爱劳动的一件事。

____

宝爸与“神兽”！你们感悟到了什么呢？

A.______________________________

B.______________________________

06
宽容的话题

群员——宝爸 12 紧急求救

“神兽”被打了

宝爸 12

放学了，我家“神兽”走出校门口，同学小兵突然给了我家“神兽”一拳。“神兽”鼻子流出了血，跑进学校，找老师告状。

老师急忙走出校门，拦住小兵，了解情况。原来，体育课上，同学们踢足球，“神兽”无意中踩了小兵一脚，小兵感觉自己吃亏了，学校有老师，无法报复，放学时，偷袭了我家“神兽”。

老师严肃批评了小兵的错误行为，当即请了小兵的爸爸来学校，带我家“神兽”去医院看病。

小兵看见爸爸来了，胆子更大，当着老师与我家“神兽”的面，愤愤不平地说：“这是爸爸嘱咐我的，在外面不能吃亏。我被同学踩了一脚，心里憋屈，所以一定要找回来，才解气。”

听了小兵的话，老师、我家“神兽”一起扭头看着小兵的爸爸。小兵的爸爸脸一红，羞愧地低下了头，连忙冲我家“神兽”道歉。我反思了一夜，认为小兵的爸爸不该这样说话。

群主——博士李操心

小兵的话，说明了一个现实问题，宝爸的言行对“神兽”的影响很大，如果不加思考，随意乱说乱做，给“神兽”较多的负面影响，最终害人害己。

副群主——心理专家王细心

王细心总结出一些宝爸眼里“神兽”的问题：

“神兽”脑子里就没有“宽容”二字。

“神兽”不明白宽容的重要性。

“神兽”脾气暴躁，遇到不如意的事情，就耍脾气。

“神兽”不能吃亏，特别计较，总想欺负人，甚至打人、骂人。

“神兽”容不得别人，唯我独尊。

“神兽”模仿能力强，故意模仿电视剧里的“坏小子”，唯我独尊，称王称霸。

“神兽”不爱学习，不能从健康的书籍里悟出宽容的重要性。

群军师——哲学家张辩证

张辩证总结出一些“神兽”眼里宝爸的问题：

爸爸一点儿也不宽容，动不动就骂我。

爸爸脾气暴躁，不允许我犯一点儿错误，经常打我。

爸爸在外面自以为是，瞧不起别人。

爸爸遇到一点儿事情，就不依不饶的。

爸爸开车总是乱抢道、乱按喇叭、乱骂人。

爸爸受不了一点儿委屈，骂人、打架是常事。

爸爸与人发生矛盾，有了误会，总是责怪别人。

爸爸不爱读书看报，不会引导我宽容。

爸爸不给我讲家史、家规与家训，不给我讲国学知识。

群参谋——体育教练徐健身

徐健身通过与“神兽”的交谈，了解到一些“神兽”的心声：

宽容是大人的事，别人都得让着我。
为什么要宽容呢？我才不受委屈呢！
爸爸不爱读书，没有告诉我宽容的含义。
现在是竞争的时代，宽容就等于犯傻。
有了矛盾，不去争辩，以后还会受窝囊气。
爸爸告诉我在外面不能受一点儿委屈，一定要以牙还牙。
宽容就是吃亏、就是示弱，我才不愿意呢！

群员——宝爸 12 问：如何寻找根源呢？
请各位爸爸指教。

群监督——艺术家赵广泛

宝爸不能以身作则，苛刻、计较等负面的言行给“神兽”心灵深处留下了抹不去的阴影。

宝爸变宽容为纵容，发现“神兽”身上有了缺点和问题后，不严肃、认真、及时地纠正，不舍得批评教育与适当惩罚“神兽”，基本上处于坐视不理与默许的状态。

宝爸没有耐心给“神兽”讲宽容的本质与宽容的界线，致使“神兽”对“宽容”二字很模糊。

宝爸暴力严重，发现“神兽”犯了错误，非骂即打，亲子关系紧张。

宝爸脑子里根本就没有宽容意识，没有认真去思考，更没有认真去实践，造成无法与“神兽”交流的结果，致使父子、父女显得很生疏。

群主——博士李操心

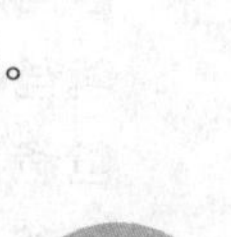

“神兽”模仿爸爸的言行，没有一点儿宽容之心。
“神兽”不会宽容别人，遇事就知道计较。

“神兽”总认为现在是未成年人，宽容是大人的事。

“神兽”看了不成人书籍、影视作品，暴力十足，争强好胜，总想当“霸王”。

“神兽”在家被大人宽容惯了，到了外面依旧希望被别人宽容。

“神兽”不爱读书，不爱读家史、家规与家训，不能从书中汲取营养，不会净化心灵，悟不出“宽容”二字的真谛。

“神兽”吃过不宽容的亏，不主动改正，屡次犯同样的错误。

群员——宝爸12问：请各位爸爸支招，提供解决问题的办法。

副群主——心理专家王细心

给“神兽”讲清楚，宽容是一种涵养、风度、境界、艺术和智慧；是从善良心灵中流淌出来的爱的泉水；是从睿智头脑中升华出来的美的绿荫；是一切生命成长中不可或缺的呵护与滋润。

要清楚地知道“神兽”的健康成长与宝爸的宽容有很大关系。宽容的宝爸，“神兽”就有安全感，“神兽”就会自信、从容、乐观。给“神兽”有一个大的发展空间，越早坚强起来，成功的概率就越大。

要以身作则，先规范好自己，自身的素质高，榜样的作用才强，让“神兽”感受到宝爸身上的力量，感受到真正的父爱，感悟到做人的道理，这样对“神兽”的健康成长十分有益。

允许“神兽”犯错误，允许“神兽”出点儿格，允许“神兽”与你辩论，这样才能使“神兽”轻松、愉悦、自然。

宝爸要与“神兽”一起读好书，读国学经典，让“神兽”在书中明白“宽容”二字的真正含义。

通过户外运动的方式，拉近与“神兽”的距离，走进“神兽”的内心，逐渐引导“神兽”遇事多思考，明白换位思考的道理，逐渐变得谦让、大度与善良。

群参谋——体育教练徐健身

要注重口号的作用，在家里的明显位置，与“神兽”一起贴上一些关于宽容的提示语，让“神兽”每天都能看见、都能思考，日积月累，就会养成宽容的好品质。

如：宽容是一种素质！

退一步海阔天空！

要有大海的胸怀！

宰相肚里能撑船！

群公告

牢记在心中：宽容是一种雅量，更是一种人生的境界。宽容了别人就等于宽容了自己。宽容的同时，也创造生命的美丽。

每日“五个一”工程

☐ 陪伴“神兽”朗诵一首诗

☐ 陪伴“神兽”画一幅画

☐ 陪伴“神兽”户外运动

☐ 陪伴“神兽”看《新闻联播》

☐ 陪伴“神兽”自然聊天儿

亲子作业

“神兽”，你宽容吗？是（　　）否（　　）

请“神兽”回忆出自己宽容的一件事。

____

宝爸与“神兽”感悟到了什么呢？

A.____

B.____

群公告三
用严谨的生活规律带动“神兽”

01
时间管理的话题

群员——宝爸 13 紧急求救

“神兽”竟然急哭了

宝爸 13

我家的“神兽”不知道管理时间的重要性，平时没有时间观念，不知道时间如流水一去不复返的道理，每天玩得昏天黑地，玩具堆满一大屋子。

暑假到了，“神兽”与妈妈准备坐飞机去国外游学。下午 4 点的飞机，妈妈说两点从家里出发，以免耽误办理出境手续。中午 13 点 55 分了，“神兽”还在居民小区的活动中心与同学打乒乓球，妈妈打来电话，让他马上回家收拾东西出门去机场，他放下电话，没有立刻回家，而是继续与同学打完最后一局，10 分钟后才回到家。妈妈急得大声催促他出门，他却磨磨蹭蹭地去卫生间方便、吃雪糕……2 点 30 分才出门，打车不好打，路上堵车，到了机场，急忙跑着去办理登机手续，窗口已经关闭了，一看表，已经 3 点 31 分了。“神兽”急哭了，哀求工作人员照顾一下。

工作人员无奈地说：“这是规定，迟到 1 分钟，就是 1 秒钟，也不可能了。飞机的起飞时间非常严格，必须要有时间观念，珍惜每一分每一秒，不能拖延且浪费时间。怎么不早点儿出来呢？”

听完工作人员的话，我家“神兽”看着关闭的窗口，哭得特别伤心，顿时知道了时间的真正含义，抱怨地说：“都怪我爸，平时睡懒觉，掐着时间点儿出门上班，甚至边吃边出门，经常说晚点儿就晚点儿，有什么好怕的，晚点儿天也塌不下来。”

听了“神兽”的话，人们面面相觑，一时无语。

群主——博士李操心

“神兽”的话，值得人们思考，并说明了一个非常简单的道理——宝爸的言行对“神兽”的影响很大，有时是根深蒂固的，隐患多多。

副群主——心理专家王细心

王细心总结出一些宝爸眼里“神兽”的问题：

“神兽”办事磨磨蹭蹭，没有时间观念，真没有办法。

“神兽”放学回家后，懒洋洋地看电视、吃零食、喝饮料，就是不抓紧时间写作业。

“神兽”早上赖床，磨磨蹭蹭，上学经常晚点儿。

“神兽”吃饭时说话、看电视，断断续续，拖拖拉拉。

“神兽”在正事（学习）上不抓紧时间，没有用的事情（游戏、电视动画片）上却不惜时间成本。

“神兽”知道时间如流水，就是不珍惜，不去管理时间。

群军师——哲学家张辩证

张辩证总结出一些“神兽”眼里宝爸的问题：

爸爸平时也没有时间观念，上班经常迟到早退。

爸爸办事磨蹭、拖拉，今天的事情说明天干，明天的事情说后天干，一拖再拖。

爸爸喜欢追剧，经常偷偷地熬夜看电视连续剧。

爸爸外出不会计算时间，不是早了就是晚了。

爸爸周末睡懒觉，说好了早上 9 点带我出门玩儿，可是到了中午也出不了门。

爸爸打牌上瘾，把正事都忘记了。

爸爸喝酒时，车轱辘话多，耗费了很多宝贵时间。

爸爸总说时间就是生命，我难以理解。

爸爸总对我嚷嚷，快点儿、快点儿、快点儿，为什么要快点儿呀？我不知道。

爸爸不守时，应邀办事，总是迟到，还撒谎说堵车。

群参谋——体育教练徐健身

徐健身通过与“神兽”交谈，了解到一些“神兽”的心声：

爸爸经常说我慢腾腾的，我也不知道哪里慢了。

爸爸经常说时间如流水，可是我觉得时间还长着呢，着什么急呀！

爸爸总对我说快点儿、快点儿，我快点儿了，又能怎样呢？

爸爸没有耐心、认真地对我强调过时间的重要性。

我年龄小，爱玩儿是天性，边做事边玩儿有什么错呢？

守时有那么重要吗？晚点儿又怎么了？

群员——宝爸 13 问：如何寻找根源呢？
请各位爸爸指教。

群监督——艺术家赵广泛

宝爸没有带好头，生活中缺乏严谨的时间概念，无形中给“神兽”带来了负面影响。

宝爸从来没有给“神兽”认真细致地讲过“时间”二字的真正含义，致使“神兽”对时间的概念很模糊。

宝爸忽视了对“神兽”的时间管理教育，“神兽”不知道如何管理时间、如何统筹安排时间，等等。

宝爸发现“神兽”浪费时间，不严肃批评，没有惩罚措施与手段，导致“神兽”自由散漫。

宝爸没有主动带“神兽”走出去，没有利用各种机会进行关于时间问题的现场说法教育，导致“神兽”觉得时间与自己无关，都是大人的事（起床、吃饭、出门、上学有大人在旁督促）。

群主——博士李操心

“神兽”没有时间观念，主要原因是根本不懂得时间就是效率、时间就是生命的道理。

“神兽”读的课外书不少，但是领悟“时间”二字却少得可怜，生活中时间管理松松垮垮，没有紧迫感、危机感。

“神兽”缺乏远大理想与追求，生活在安乐的环境里，逐渐养成了懒散的惯性。

“神兽”模仿大人的懒散言行，更加理直气壮地拖拉、浪费时间了。

群员——宝爸13问：请各位爸爸支招，提供解决问题的办法。

副群主——心理专家王细心

通过人体生理结构图、时间沙漏、古代计时的水滴钟、太阳冕的移动位置等，让“神兽”知道生命是用时间来计算的，今天的时间过去了，就再也不会回来了。只有抓住今天，管理好时间，才能过得有意义。

要利用各种机会不厌其烦地给“神兽”讲名人、伟人、英雄人物惜时、守时、管理时间的故事，让“神兽”逐渐对时间形成概念，实现由散漫到惜时、守时的过程转变。

群军师——哲学家张辩证

通过沙盘演示，帮助“神兽”制定时间分配表，最好精细到分钟。把每天的时间分为五大块：

一是睡觉8小时，不能随意改变；

二是学习10小时；

三是吃饭1小时；

四是锻炼身体1小时；

五是机动4小时。

根据“神兽”的实际情况，可以再细化时间。要严格落实，科学制作时间使用表格，把“神兽”每天的时间利用情况如实打分，找出问题，及时修正。

引导“神兽”在学习上必须珍惜时间，不能回家就看电视、玩游戏、喝饮料、睡觉，要把时间倾斜在学习上，创造学习的家庭氛围。如果从小没有时间观念，在成长过程中就会埋下“祸根”。

言传身教，正确地引导“神兽”学会管理时间，指导“神兽”合理利用时间，做时间的主人，而不是做时间的奴隶。

群参谋——体育教练徐健身

要注重口号的作用，在家里的明显位置贴上一些关于时间的提示语，让“神兽”每天都能看见，日积月累，就养成管理时间的好习惯了。

如：寸金难买寸光阴!

过了今天，今天就再也回不来了!

人生巨大的财富就是时间!

时间对任何人来说都是平等的!

群公告

牢记在心中：让“神兽”明白时间管理的重要性，才能驾驭好有限的生命。珍惜了时间，就等于珍惜了生命。时间如流水，一去不复返，无论任何财富也休想换回一分一秒流逝的时间。惜时、守时是人的基本素养。

每日“五个一”工程

☐ 陪伴“神兽”朗诵一首诗

☐ 陪伴“神兽”画一张画

□ 陪伴“神兽”户外运动

□ 陪伴“神兽”看《新闻联播》

□ 陪伴“神兽”自然聊天儿

亲子作业

“神兽”，你珍惜时间吗？是（　　）否（　　）

请“神兽”回忆出自己珍惜时间的一件事。

____

宝爸与“神兽”感悟到了什么呢？

A.______________________________

B.______________________________

02
卫生的话题

群员——宝爸 14 紧急求救

“神兽”成了异类

宝爸 14

我家的“神兽”没有妈妈了，与我生活在一起。夏天到了，同学们故意不接近“神兽”，都躲着“神兽”，甚至从他身边经过时还捂紧鼻子，把我家“神兽”当成了异类。

“神兽”很苦恼，整日无精打采、面无表情，学习成绩很快下降。老师发现情况不对劲儿，主动找同学们了解情况。同学们悄悄地对老师说我家“神兽”身上有异味，熏的人无法接受。

老师为了维护我家“神兽”的自尊心，和蔼可亲地与“神兽”单独交谈，“神兽”实话实说：“没有妈妈了，爸爸经常加班，顾不上照顾我。爸爸一身衣服穿几个星期，几天不洗澡，也不洗脚，牙也不经常刷，还经常酗酒。我每天很少见到爸爸，也学爸爸的样子，越来越不讲卫生了。”

听了“神兽”的话，老师当即联系我，诚恳地与我交换了意见，提出了搞好“神兽”个人卫生的建议。

我羞愧难当，立刻醒悟了，马上改正——与“神兽”一起进行全身彻底大扫除，家里家外收拾得干干净净。

第二天，“神兽”上学有了崭新的面貌，同学们闻不到“神兽”身上的异味了，愿意与“神兽”交往了。“神兽”脸上也露出了少有的笑容。

群主——博士李操心

“神兽”虽然说出了家庭隐私，但是验证了一句老话——有什么样的爸爸，就有什么样的“神兽”，需要宝爸们认真反思。

副群主——心理专家王细心

王细心总结出一些宝爸眼里“神兽”的问题：

“神兽”不洗手就吃东西，经常闹肚子。

“神兽”喜欢穿球鞋，活动量大，不爱洗袜子、不爱洗脚，居住的屋子臭气熏天。

“神兽”经常上火，消化也不好，大便没有规律，几天不解一次大便，臭屁多，内毒导致火旺、焦躁。

“神兽”没有搞好个人卫生的意识，屋子里杂乱无章，东一件西一件的物品让人无法迈脚。

“神兽”不讲文明，经常乱扔垃圾，随地吐痰。

“神兽”不爱刷牙，牙齿都黄了，口味难闻。

“神兽”不会自己洗衣服，也不主动换衣服。

“神兽”不爱剪指甲，指甲又长又脏。

“神兽”不爱理发，头皮痒痒，都长虱子了。

“神兽”不爱戴口罩，一次性口罩也不勤换。

“神兽”随地吐痰。

群军师——哲学家张辩证

张辩证总结出一些“神兽”眼里宝爸的问题：

爸爸没有给我讲过卫生的重要性。

爸爸不讲卫生，不爱洗澡、不勤洗头、不洗衣服、不洗脚、不洗袜子、不晒被子、不刷鞋。

爸爸经常胡子拉碴的，牙齿黑黄，几天不刷牙。

爸爸的屋子里脏、乱、差，烟味、酒味、汗味混合在一起，空气污浊。

爸爸经常随地吐痰，乱扔烟头，酒瓶子乱放。

爸爸经常吃东西不洗手，也不爱剪指甲，还经常说不干不净，吃了没病。

爸爸没有讲卫生的好习惯。

爸爸戴一次性口罩几天不换，口罩都有味了。

群参谋——体育教练徐健身

徐健身通过与神兽交谈，了解到一些“神兽”的心声：

作业多，没有时间讲卫生。

我也不是帅哥美女，讲什么卫生呀！

大人都帮我讲卫生了，我没事可干了。

我是未成年人，等我长大了再讲卫生也不迟。

把时间、精力都花在讲卫生上，不划算。

随地吐痰不算什么事。

刷牙、洗澡、洗脚、洗头、洗脸、剪指甲很麻烦，我懒得刷、懒得洗、懒得剪。

我的手不脏，吃东西前没有必要洗。

我的一次性口罩戴了几天，没有脏，不需要更换。

群员——宝爸 14 问：如何寻找根源呢？
请各位爸爸指教。

群监督——艺术家赵广泛

宝爸没有认真地指导“神兽”讲卫生，总是包办太多，给“神兽”洗衣服、洗袜子、叠被子、刷鞋、收拾屋子等，让“神兽”惰性成瘾，逐渐对讲卫生陌生了，本来应该“神兽”干的小事却变成了宝爸干的事了，好像和“神兽”没有关系了。

在讲卫生的问题上宝爸没有引导“神兽”养成好习惯，宝爸没有意识到要培养“神兽”讲卫生的好习惯，没有认真告诉“神兽”讲卫生的具体标准，等于放任了“神兽”不讲卫生。

宝爸发现“神兽”以学习任务重、时间紧张，顾不上讲卫生为借口，为自己开脱时，不严肃批评、不惩罚、不教育、不引导，等于默认了“神兽”

不用讲卫生。

宝爸自己也不讲卫生，邋邋遢遢的样子，无形中成了“坏”典型。

宝爸不主动带“神兽”去参观卫生宣传栏，没有借助鲜活的事例对“神兽”进行讲卫生教育。

群主——博士李操心

“神兽”不知道讲卫生的重要性，懒字当头。

“神兽”不会讲卫生，不知道讲卫生的具体标准。

“神兽”玩心大，把讲卫生的事忘得一干二净。

“神兽”看见大人不讲卫生，自己也效仿，久而久之，觉得没有错。

群员——宝爸 14 问：请各位爸爸支招，提供解决问题的办法。

副群主——心理专家王细心

以身作则，言传身教，教育“神兽”从小养成讲卫生的好习惯，自觉地遵守各种规定，不随地丢弃垃圾。

通过讲故事，现场参观，让“神兽”知道讲卫生光荣，不讲卫生可耻。

多引导“神兽”阅读健康的书，让“神兽”明白讲究卫生能反映人的精神面貌与素质的高低。

让“神兽”知道如果个人卫生搞不好，个人素质上不去，未来很难有大作为。

让“神兽”知道一个人的卫生状况，代表一个家庭、一个学校的素质，必须引起重视。

群军师——哲学家张辩证

结合实例，告诉“神兽”讲卫生与预防疾病的关系，使“神兽”由被动地讲卫生转化为主动地讲卫生。讲卫生，不单纯是个人的事，它关系一个家庭，甚至一个学校、一个民族的健康。如果一个人不讲究卫生，患了传染病，就可能传染给其他人，甚至造成灾难性的后果。

通过健康宣传片、宣传栏、健康标语，让“神兽”明白一个道理：你对身体好（个人卫生好），身体就会对你好，这是最公平的“交易”，不能讨价还价。

引导“神兽”具体做好以下九点：

一是饭前便后洗手；

二是勤剪手（脚）指甲；

三是勤理发、洗澡、洗头、洗脚、刷牙；

四是规律大、小便；

五是定期勤洗外衣、内衣、袜子；

六是被子要常晒；

七是室内要经常通风；

八是屋子要整洁干净；

九是不要乱吃东西。

群参谋——体育教练徐健身

注重口号的作用，在家里的明显位置贴上一些提示语，让“神兽”每天都能看见、都能思考，都能注重个人卫生建设，日积月累，就会养成讲卫生的好习惯了。

如：勤洗手！

出门戴口罩！

勤通风！

讲卫生是健康的保证！

自觉遵守防疫规定。

群公告

牢记在心中：天天讲卫生，一生才健康。讲究卫生，不论年龄大小，自觉地从小事做起。个人卫生不仅关系个人的身体健康，也关系家庭、个人与学校的“脸面”，务必引起重视，不能当儿戏。

每日“五个一”工程

- ☐ 陪伴“神兽”朗诵一首诗
- ☐ 陪伴“神兽”画一幅画
- ☐ 陪伴“神兽”户外运动
- ☐ 陪伴“神兽”看《新闻联播》
- ☐ 陪伴“神兽”自然聊天儿

亲子作业

“神兽”，你讲卫生吗？是（　　）否（　　）

请“神兽”回忆出自己讲卫生的一件事。

____

宝爸与“神兽”感悟到了什么呢？

A.____

B.____

03
强健体魄的话题

群员——宝爸 15 紧急求救

“神兽”得了颈椎病

宝爸 15

最近，我家的“神兽”总是头晕、脖子疼、眼花耳鸣，坐着看书几分钟后，头疼得要命，不能再看了，后来竟然发展到左胳膊麻木，拿笔也困难了。

我带“神兽”去医院，经过检查，“神兽”得了颈椎病，比较严重。住医院治疗一段时间，有所缓解。出院时，医生说如果不注意锻炼身体，不注意坐姿矫正，病就会越来越严重，甚至会降低生命质量。

“神兽”当着医生的面，气愤地说：“都怨我爸这个‘低头族’，他总是躺着看电视，低头玩手机，从不外出锻炼身体，我被爸爸影响坏了。”

听了“神兽”的话，我回忆以往的事情，恍然大悟，羞愧无语，红着脸、低下头，无颜面对“神兽”与医生。

医生客观地批评了我这个不负责任的爸爸，说我不能以身作则，起到了“坏榜样”的作用。

群主——博士李操心

“神兽”的话虽然有些不礼貌、不尊重宝爸，但是也明明白白地告诉了大家一个事实，宝爸的言行在“神兽”成长过程中非

常重要。

副群主——心理专家王细心

王细心总结出一些宝爸眼里“神兽”的问题：

“神兽”爱睡懒觉、爱躺着，体重严重超标，走路气喘吁吁，上楼梯都费劲儿。

“神兽”得了近视眼，还不积极主动地锻炼身体。

“神兽”不爱运动，从来不主动锻炼身体。

“神兽”有点儿驼背，读书时坐姿总是不正。

“神兽”喜欢熬夜，悄悄地玩游戏、看画报。

“神兽”不读与健康有关的科普书，是健康“盲”。

“神兽”高度近视、斜视。

“神兽”熬夜写作业、看课外书，大脑过于疲劳，得了神经衰弱、严重失眠，吃饭也没有胃口。

群军师——哲学家张辩证

张辩证总结出一些“神兽”眼里宝爸的问题：

爸爸不爱锻炼，就是爱睡懒觉。

爸爸回家就喊累，吃完饭就躺在沙发上看电视。

爸爸吃得多，啤酒肚子，太臃肿了。

爸爸站没有站相，坐没有坐相，脊椎扭曲，弯腰驼背。

爸爸几乎天天熬夜看电视、打牌，眼睛高度近视，换了几次眼镜了。

爸爸运动量少，胡吃海塞，特别馋肉，得了“三高”。

爸爸经常说锻炼不锻炼都一样，一切都是命中注定。

爸爸从来不带我外出锻炼身体。

爸爸热衷于微信朋友圈，手机不离手，半夜醒来先看微信朋友圈，严重失眠。

爸爸抽烟、喝酒，经常咳嗽。

群参谋——体育教练徐健身

徐健身通过与“神兽”交谈，了解到一些“神兽”的心声：

作业都写不完，没有时间锻炼。

近视眼很正常，学生哪有不近视的呢？

我想外出锻炼，爸爸阻拦我，只是让我在家读书学习。

学校的课间操、眼保健操、体育课等于锻炼了，放学以后，没有必要再锻炼了。

外出锻炼有危险，大人不放心。

想看动画片、玩游戏，不想外出锻炼。

希望爸爸是个身体超棒的人，可以保护自己。

群员——宝爸 15 问：如何寻找根源呢？
请各位爸爸指教。

群监督——艺术家赵广泛

宝爸不知道陪伴“神兽”户外运动是增进亲子关系的灵丹妙药，总是以各种借口不陪伴“神兽”户外健身运动。

宝爸没有以身作则，自己不爱锻炼身体，蜗居在家里睡懒觉、看电视、玩牌、吸烟、喝酒、刷微信朋友圈，严重影响了“神兽”锻炼身体的心情与兴趣。

宝爸不重视“神兽”锻炼身体的事情，没有督促、指导“神兽”锻炼身体，说话不考虑后果，是导致“神兽”厌倦锻炼身体的一个重要原因。

宝爸对“神兽”外出锻炼身体有偏见，片面地认为“神兽”锻炼就是玩儿，会耽误学习，成了“神兽”外出锻炼身体的“绊脚石”。

宝爸不爱读与健康有关系的科普书籍、杂志与报刊，健身意识淡薄。

群主——博士李操心

“神兽”认识上有偏见，具有健全的身体对成长的重要意义没有引起“神兽”足够的重视，大多采取顺其自然的态度。

“神兽”还对锻炼身体有误解，认为是多余的事情，所以出现了自己

“摧残”身体的现象，等到身体真发生了问题，悔之晚矣。

“神兽”看见爸爸不锻炼身体，受到了负面影响，也不锻炼身体。

“神兽”认为自己年龄小，锻炼身体是老年人的事情，长大了再锻炼也不晚。

“神兽”怕吃苦、流汗、受伤，所以不愿意受苦、受累、流汗。

“神兽”玩心大，迷上了电视、玩具、手机，不想“浪费”时间锻炼身体。

群员——宝爸15问：请各位爸爸支招，提供解决问题的办法。

副群主——心理专家王细心

创造锻炼的氛围，每天早上或锻炼前播放广播体操、眼睛保健操、八段锦的“国标”广播，激发“神兽”的兴趣。

尽量多带“神兽”到体育馆、公园，亲眼看看锻炼的人群，认真调查研究，通过事实，让“神兽”知道强健的体魄是实现理想的最基本条件，是完成学业的重要保证。

通过看健康图表、健康科普节目，让“神兽”知道，要想有强健的体魄，科学锻炼是关键，要把锻炼与吃饭、喝水、睡觉、学习一样对待，才能保证身体健康，才能保证学习与生活顺利地进行下去。

根据“神兽”的年龄、学习与身体情况，合理科学地帮助“神兽”制订锻炼计划，选择适合自己的锻炼项目，循序渐进、持之以恒地坚持下去。选择锻炼项目时，选择相对简单，不需要特殊场地保障，能长期坚持下去的科目，如跳绳、爬楼梯、跑步、走步、广播体操、太极拳、八段锦等。

耐心细致地指导“神兽”科学锻炼，确定锻炼时间和锻炼强度时，应根据“神兽”身体情况和学习情况，每天集中锻炼时间少则30分钟，多则1小时。

锻炼强度适中，强度不够，起不到锻炼效果；强度太大，透支体力，影响学习。一般情况下应以身体微微出汗为基准，不能出大汗，也不能不出汗，以不影响学习、休息、吃饭为宜。

群军师——哲学家张辩证

要会算账，不要担心“神兽”锻炼身体会耽误学习，锻炼身体不但不会耽误学习，还会促进学习。因为身体好了，不生病或少生病，精力充沛了，身体发育良好，记忆力才好，学习效果才明显。

要增进与“神兽”的感情，以平等的身份与“神兽”一起锻炼，一起坚持到底，一起体验锻炼带来的快乐。

积极、适时地鼓励“神兽”参加各种体育比赛，使“神兽”在体育比赛当中锤炼自己的意志，全面提高身体素质。

群参谋——体育教练徐健身

引导“神兽”持之以恒地锻炼身体，要把锻炼身体当成重大任务去完成，不能是可有可无的事。制定科学的锻炼计划，每天都要有记录、有检查，发现没有完成锻炼计划，要及时补救，这样才是对身体负责。

认真监督“神兽”锻炼的效果，引导“神兽”自觉落实锻炼科目。如果“神兽”当日忘记了锻炼，宝爸要及时督促“神兽”锻炼，不能“三天打鱼，两天晒网”。

要有耐心，引导“神兽”形成锻炼身体的规律，不能想起来就锻炼一天，想不起来就不去锻炼。更不能想什么时候锻炼就什么时候锻炼，要与“神兽”一起寻找适合的锻炼时间。

要注重口号的作用，在家里的明显位置贴上一些关于锻炼、健身、强身的提示语，让“神兽”每天都能看见，引起重视，日积月累，就会养成强健体魄的好习惯了。

如：生命在于运动！

锻炼身体贵在坚持！

加强锻炼，增强体质！

好身体离不开天天锻炼！

为了美好的明天——现在就出门锻炼！

群公告

牢记在心中：强健的体魄是实现远大理想与梦想的根本，务必持之以恒地、科学地锻炼身体，增强体质，千万不能找借口逃避锻炼。

每日“五个一”工程

□ 陪伴“神兽”朗诵一首诗
□ 陪伴“神兽”画一幅画
□ 陪伴“神兽”户外运动
□ 陪伴“神兽”看《新闻联播》
□ 陪伴“神兽”自然聊天儿

亲子作业

“神兽”你有强健的体魄吗？是（　　）否（　　）

请“神兽”回忆出自己锻炼的一件事。

____

宝爸与“神兽”！你们感悟到了什么呢？

A.______________________________

B.______________________________

04
饮食的话题

群员——宝爸 16 紧急求救

“神兽”体育课上晕倒了

宝爸 16

最近，我家的“神兽”下午上课时爱打瞌睡，精神不集中。今天下午体育课跑步时，“神兽”竟然晕倒了，校医检查“神兽”的身体，询问情况，知道了其中的原因。

原来，“神兽”喜欢吃零食与快餐。早上时间紧张，吃饭少，中午学校的配餐不爱吃，晚上以零食为主，主餐不认真吃，时间久了，导致营养不良。

校医客观地指出了“神兽”不好好吃饭的问题，建议“神兽”吃好三餐。

“神兽”不以为然地说：“我妈在外地工作，我平时与爸爸生活，爸爸不吃早餐，中午饭瞎凑合，晚上大都是吃方便面、零食，或叫外卖。”

校医立刻与我取得联系，真诚地与我交换意见，希望我准备好早餐、晚餐，督促“神兽”吃好三餐，保证孩子身体发育所需的营养。

我家“神兽”一日三餐吃得不健康、不科学，导致身体健康亮了“红灯”，究其原因，是我不注重饮食，误导了“神兽”。

我追悔莫及，只能亡羊补牢了。各位宝爸们，千万别学我，影响了“神兽”的身体发育。

群主——博士李操心

“神兽”三餐吃得不科学、不合理，导致体育课上晕倒，后果严重。究其根由，与宝爸的饮食观念不正确有关系，需要宝爸们认真反思。

副群主——心理专家王细心

王细心总结出一些宝爸眼里“神兽”的问题：

“神兽”不好好吃早饭。

“神兽”爱吃炸鸡腿、酱肘子、红烧猪蹄等肉食。

“神兽”喜欢吃零食、方便面、爆米花、喝冷饮等，吃主食时已经没有胃口了。

“神兽”挑食，不爱吃的饭菜，一口也不吃。

“神兽”偏食，就喜欢吃零食、辛辣食品与快餐，甚至把零食当主食。

“神兽”吃饭不管不顾，遇到好吃的，肚子撑得满满的。

“神兽”吃饭没有时间规律，随心所欲。

“神兽”饿的时候，不管冷热，见到什么吃什么。

“神兽”吃饭时说话、看电视，甚至躺着吃、走着吃、跑着吃、进门就吃。

“神兽”不爱吃水果，饮料不离口。

群军师——哲学家张辩证

张辩证总结出一些“神兽”眼里宝爸的问题：

我爸不好好吃早饭。

我爸天天喝大酒、吃大肉。

我爸中餐瞎凑合，晚餐吃得肚子圆圆的。

我爸不爱做饭，食品单一，经常叫外卖。

我爸喜欢边看电视边吃饭。

我爸懒得做饭，方便面几乎成了主食。

我爸就喜欢吃烧烤、撸串、叫外卖，家里几乎不做饭。

我爸只是吃素，不吃肉、鱼、蛋。

我爸不爱吃水果，水果放坏了，非常可惜地扔掉了。

我爸喜欢吃油炸食品。

我爸节约，不舍得花钱，更不舍得吃营养丰富的饭菜。

群参谋——体育教练徐健身

徐健身通过与“神兽”交流，了解到一些“神兽”的心声：

想吃什么就吃什么？为什么这么复杂呢？

时间紧张，边走边吃，很正常。

零食确实好吃，没有胃口时，吃零食才过瘾。

学校的营养餐味道不好，吃腻了。

叫外卖多爽呀，省时又好吃，吃完还不用刷碗。

早上就是想多睡一会儿，没有胃口。

我爸没有给我讲过饮食、营养与身体健康的科普知识。

我希望爸爸是位美食家。

群员——宝爸16问：如何寻找根源呢？
请各位爸爸指教。

群监督——艺术家赵广泛

宝爸不能以身作则，平时自己不好好吃饭，给“神兽”带了“坏”头。

宝爸装糊涂，明明知道饮食是身体健康的根本，溺爱“神兽”、顺着“神兽”，给“神兽”吃大鱼、大肉、油炸食品、快餐、零食与辛辣食品。

宝爸不爱读书学习，不研究饮食，从来没有仔细地告诉“神兽”为什么要粗细搭配、荤素搭配，要每天吃多少主食、副食、蔬菜、水果、鱼肉蛋、油、盐等。

比如：“神兽”缺钙了，不知道怎么给“神兽”补钙？

比如：“神兽”缺蛋白质了，不及时给“神兽”补充。

比如：“神兽”缺糖了、缺氨基酸了、缺矿物质了，不及时给“神兽”补充。

宝爸装作看不见，不舍得批评“神兽”，发现“神兽”吃饭有问题，不批评、不讲道理、不惩罚，致使“神兽”的“嘴”越来越刁、越来越偏。

群主——博士李操心

“神兽”任性，没有养成吃饭的好习惯。

“神兽”嘴刁，想吃什么就得吃什么，吃不到就闹。

“神兽”天天看见爸爸吃饭随意性大，自己也就随意了。

“神兽”不爱读有关健康的课外书，缺乏饮食健康的知识，不知道科学饮食是健康的基础，没有科学的饮食就谈不上健康。科学的饮食，能提供人体需要的营养素，营养素（蛋白质、脂肪、糖、维生素、无机盐、水和纤维素）是人体不能离开的物质，不同的饮食有不同的营养，所以提倡食物多样，谷类为主，粗细搭配，平衡膳食。

“神兽”贪玩，家里没有严格的饮食规矩，导致饮食的随意性大。

“神兽”缺乏管教，无论怎么放纵饮食，爸爸从来不批评，不知道什么是对？什么是错？被惯坏了。

群员——宝爸16问：请各位爸爸支招，提供解决问题的办法。

副群主——心理专家王细心

如果条件允许，应主动请教营养专家，全面了解饮食知识，认真对待“神兽”的饮食问题，合理准备三餐，认真研究适合“神兽”成长的健康食谱，了解各类食物的营养含量，早餐给“神兽”准备什么？中午饭给“神兽”吃什么？晚上给“神兽”吃什么？心中要有数。

要通过人体生长发育科普图，告诉“神兽”人离不开吃，吃是人体生长发育的重要保障，要科学、认真、严肃地对待吃的问题，不能糊弄，要吃好，吃舒服。此外，饮食应有节制，饮食不节制、多食、偏食都是不好的。

可以借助医院的肠胃模型，给“神兽”演示食品经过嘴、喉咙、食道，进入胃部消化，再进入肠道的过程。

群军师——哲学家张辩证

通过鲜活的事例，或请专家，或通过游戏、寓言故事、情景剧等，耐心、细致地给“神兽”讲解科学饮食的重要性，具体明确标准：

一是每餐七八分饱，不能吃得过饱。

二是粗细搭配、荤素搭配，营养均衡，才能保证营养全面。

三是细嚼慢咽，有利于吸收。

四是快乐进食，脾胃安合。

五是一日三餐要有规律。早餐提供的能量应占全天总能量的 30% 左右，进食时间在早上 7 点左右；午餐是正餐，提供的能量占全天总能量的 40% 左右，进食时间在中午 12 点左右；晚餐提供的能量占全天总能量的 30% 左右，时间在下午 6 点左右。

六是限盐限油，一生平安。

七是控制零食，健康无忧。

八是口味清淡，五味均衡，以免伤害身体。

九是远离酒精、碳酸饮料。

十是每餐应做到多样化，经常改变花色品种，注意干稀搭配，餐餐都要吃好。

群参谋——体育教练徐健身

注重口号的作用，在家里的明显位置贴上一些关于饮食与健康的提示语，让“神兽”每天都能看见，都能思考饮食问题，日积月累，就会养成科学饮食的好习惯了。

如：入口的食物必须安全、卫生、健康！

人是铁，饭是钢！

吃饱、吃好，身体好！

群公告

牢记在心中：为了保证科学饮食，务必认真对待三餐，要创造良好的就餐环境，在愉快、轻松的氛围中进餐，对消化、吸收都有益处。

每日“五个一”工程

- □ 陪伴“神兽”朗诵一首诗
- □ 陪伴“神兽”画一幅画
- □ 陪伴“神兽”户外运动
- □ 陪伴“神兽”看《新闻联播》
- □ 陪伴“神兽”自然聊天儿

亲子作业

“神兽”，你饮食科学吗？是（　　）否（　　）

请“神兽”回忆出自己科学饮食的一件事。

____

宝爸与“神兽”！你们感悟到了什么呢？

A.____

B.____

05
睡眠的话题

群员——宝爸 17 紧急求救

“神兽”突然耳鸣

宝爸 17

我家的“神兽”学习刻苦，成绩一直是班里的前三名。今天上课时，突然耳鸣，眼前金星乱闪，无法正常听课，校医急忙给“神兽”检查身体，发现是睡眠不足引发的脑供血不足。

经过询问，“神兽”一五一十地说：“为了保住前三名，我必须刻苦学习。为了写好作文，必须多看课外书。夜间担心父母发现，只好悄悄地打开手电，捂着被子读书，一看就是一夜，非常兴奋。每天睡眠不足两小时。早上上学时，迷迷糊糊，无精打采，饭也不想吃。”

校医认真地说：“绝对不能熬夜看书了，晚上 9 点准时上床睡觉，早上 6 点起床，每天保证 8 ~ 9 个小时的睡眠，否则会影响身体健康。”

“神兽”明白了熬夜的危害，神秘地对校医说：“我爸就爱熬夜看电视，几乎天天熬夜追剧，看足球、篮球。”

听了我们家“神兽”的话，校医十分震惊，主动与我联系，希望我给“神兽”做个好榜样。

我后悔自己成了“坏榜样”，诚恳地接受了批评，当天就改正了。

群主——博士李操心

“神兽”熬夜看书导致生病的事情很严重，宝爸没有以身作则，没有起到表率作用，“神兽”也悄悄熬夜看课外书，伤害了身体。

“神兽”虽然说出了家庭隐私，但是也验证了一句老话——有什么样的爸爸，就有什么样的孩子，宝爸们需要认真反思。

副群主——心理专家王细心

王细心总结出一些宝爸眼里“神兽”的问题：

“神兽”学习任务重，作业、试卷、课外班挤占了很多睡眠时间，睡眠严重不足。

“神兽”学习时磨磨蹭蹭，夜间 11 点了，还在背诵课文。

“神兽”睡得晚，早上 7 点了，闹铃响了几遍了，眼睛都不愿睁开，迷迷糊糊的样子。

“神兽”睡觉没有样，经常半夜做噩梦，被惊吓醒，早上起来感到很乏累。

“神兽”晚饭吃得太饱，睡觉不踏实。

“神兽”睡觉内衣穿得太紧。

“神兽”经常趴着睡、捂头睡。

“神兽”睡前喜欢看打斗的画报、书刊、电视和电影。

“神兽”睡觉前不开窗换气，室内空气污浊。

群军师——哲学家张辩证

张辩证总结出一些“神兽”眼里宝爸的问题：

我爸晚上不睡，天天夜间打牌、喝酒。

我爸晚上不洗脚，上床就睡。

我爸晚餐吃得多，也不外出运动，肚子鼓鼓的。

我爸有时光着膀子就睡着了。

我爸看着电视就睡着了。

我爸睡觉前抽烟、喝茶、喝咖啡。

我爸经常用被子蒙着头睡觉。

我爸卧室空气不好，也不开窗户通风。

我爸开着空调、吹着风扇就睡着了。

我爸在被窝里悄悄玩手机，刷微信朋友圈。

群参谋——体育教练徐健身

徐健身通过与“神兽”交谈，了解到一些“神兽”的心声：

想什么时候睡就什么时候睡嘛，顺其自然。

学习紧张，没有时间看电视，只能熬夜看。

喜欢看小说、画报，担心大人批评，只好偷着在被窝里打着手电看。

睡前开窗户通风换气，为什么呢？

晚上，吃完饭就想睡。

睡前洗脚，有时玩疯了，忘记了。

睡前换睡衣，很麻烦。

群员——宝爸 17 问：如何寻找根源呢？

请各位爸爸指教。

群监督——艺术家赵广泛

宝爸没有以身作则，不能为人师表。

宝爸没有耐心，不爱读书学习，不能认真地给“神兽”讲睡眠的知识。

宝爸粗心大意，根本不关注“神兽”的睡眠问题，夜间不检查“神兽”的睡觉情况，对“神兽”的睡眠情况不了解。

宝爸溺爱“神兽”，在“神兽”睡觉的问题上，放纵“神兽”的坏习惯。

宝爸发现“神兽”睡眠不好，也不多问几个为什么？是不是床垫不舒服？是不是枕头高低不合适？是不是被子没盖好？是不是穿衣服不舒服？是室内温度不合适？是不是肚子里有蛔虫？

宝爸责任心差，也不帮着“神兽”找出解决睡眠不好的办法。发现“神兽”睡眠不好，也不多问为什么？如果是某些疾病引起的睡眠不好，也不及时带“神兽”去医院诊治，越耽误越严重，极其不负责任。

群主——博士李操心

“神兽”欺骗大人，进被窝后装睡，其实是偷偷地看小说、玩游戏。

“神兽”遇到好看的电视节目，闹着熬夜看完。

“神兽”看见爸爸熬夜，不好好睡觉，也染上了不好好睡觉的毛病。

“神兽”不知道睡眠知识，任性成了睡眠的“杀手”。

因为大人没有立规矩，导致“神兽”脑子里没有“睡眠”二字。

“神兽”不按时睡觉，宝爸也不批评，玩累了，才去睡了。

群员——宝爸17问：请各位爸爸支招，提供解决问题的办法。

副群主——心理专家王细心

可以借助国际“睡眠日”，科普睡眠常识。采取喜闻乐见的形式，借助人体大脑模型或人体大脑图表，让“神兽”看清楚大脑的结构，知道人不是铁打的，长期睡眠不足，疾病就会找上门。睡眠不好，会影响身高、大脑发育，心情不好，容易急躁、焦虑。未成年人是成长发育的重要阶段，必须保证每天8小时以上的睡眠。

要通过事例，给“神兽”讲道理，引起“神兽”的重视。发现“神兽”为了提高学习成绩拼命地熬夜时，要及时制止。宝爸应与“神兽”一起制订睡眠计划，为“神兽”设计科学的睡眠方案。

耐心地告诉“神兽”睡前要开窗户通风换气，不能吃得太饱，内衣不能穿得太紧，不能趴着睡，最好右侧位睡觉，不能捂头睡，睡前不能喝咖啡和茶叶水，不能看刺激图片、书刊、电视和电影等。

群军师——哲学家张辩证

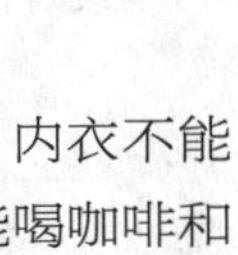

要检查“神兽”的睡眠情况，避免人为因素干扰睡眠。如夜间“神兽”睡觉容易蹬被子、翻身俯卧等，及时帮助解决问题，就能够保证“神兽”有良好的睡眠，身体健康才能有保证。

条件允许的话，可以请中医给“神兽”讲注重睡眠质量，避免失眠的重要性。同时介绍几个小窍门儿——不在床上乱折腾，不胡思乱想，平心静气，深度睡眠才是充分休息的保障。

要与“神兽”一起讨论睡眠，教会“神兽”判断睡眠情况，睡觉中没有噩梦，呼吸自然，无盗汗，清晨自然醒来，而且头脑清楚、精力充沛，可以胜任任何紧张的学习，说明睡眠充足了。

群参谋——体育教练徐健身

与“神兽”一起看睡觉讲座，教会“神兽”睡眠的小窍门儿，具体方法如下：

其一，睡觉前泡 20 分钟温水脚，水温适当，直到鼻尖发汗为止。

其二，睡觉前可以听 10 分钟古典音乐，让心静下来。

其三，选择合适的枕头很重要，既不能过高也不能过低，高度大约“一拳半”；既不能过硬也不能过软，软硬适合最安全；枕头温度不能过高，温度低于头的温度一些；枕头的透气性要好，热交换顺畅，能使人安然入睡。

要注重口号的作用，在家里的明显位置贴一些关于睡眠的提示语，让“神兽”每天都能看见，每天都能注重睡眠质量，日积月累，就会养成科学睡眠的好习惯了。

如：睡眠是保证健康的大事！

睡眠不好，衰老早！

常熬夜，等于减少寿命！

不会睡眠就不会学习！

最好的养生是睡眠！

群公告

牢记在心中：人生路很漫长，不需要一朝一夕的“拼命”，睡好觉，养精蓄锐，才能走得长久，才能健康成长。

每日“五个一”工程

- □ 陪伴“神兽”朗诵一首诗
- □ 陪伴“神兽”画一幅画
- □ 陪伴“神兽”户外运动
- □ 陪伴“神兽”看《新闻联播》
- □ 陪伴“神兽”自然聊天儿

亲子作业

“神兽”，你会睡眠吗？是（　　）否（　　）

请“神兽”回忆出自己睡眠的一件事。

____

宝爸与“神兽”感悟到了什么呢？

A.____

B.____

06
惜命的话题

群员——宝爸 18 紧急求救

“神兽”不想活了

宝爸 18

前不久，我家的“神兽”参加作文大奖赛没有获奖，难过得哭了很久，中午休息时，蹲在楼道角落，小声嘟囔：“不想活了，同学们都获奖了，唯独没有我，我没脸活了，我……”

同学发现后，报告了老师，老师很担心，急忙找到“神兽”，亲切地交谈起来。

原来，“神兽”非常要面子，自尊心特别强，有点儿小虚荣心，觉得作文没有获奖，就没有面子了，所以有了不想活的想法。

老师和蔼地与“神兽”沟通，讲了生命与珍惜生命的意义，鼓励“神兽”要坚强起来，让生命有意义。

“神兽”的心情好多了，悄悄地对老师说：“这几年，爸爸下班回家，唉声叹气，经常当着我的面说活着很累，没有意思。”

听了“神兽”的话，老师感觉问题得严重，立刻与我联系，希望我给“神兽”正能量，嘱咐“神兽”珍惜生命、热爱生命。

我十分惊讶，也十分后悔以前说的负面语言，给“神兽”留下了阴影，险些酿成大祸。

群主——博士李操心

“神兽”不想活了的想法十分危险，分析其原因，与宝爸以往说的消极话语有关系，由此可以看出，宝爸的负面情绪大，不珍惜生命，给“神兽”不好的心理暗示，后果极其严重，需要宝爸认真反思，不可掉以轻心。

副群主——心理专家王细心

王细心总结出一些宝爸眼里“神兽”的问题：

“神兽”学习没有动力，总说课本枯燥，活着没有意思之类的话。

“神兽”吃穿不愁，还觉得活着累。

“神兽”被宠爱惯了，遇到不顺心的事情就死去活来地闹。

“神兽”不能受一点儿委屈，经常说内心痛苦。

“神兽”任性，提出的要求必须实现，否则以死相要挟。

“神兽”被一些影视节目、小视频、游戏影响坏了，动不动就说跳楼、杀了你、灭了你之类的话。

“神兽”头脑简单，盲目模仿危险动作。

“神兽”脑子里没有“安全”二字，出门后好像一匹脱缰的野马。

“神兽”总说压力大，可是他们的压力是什么呀？

群军师——哲学家张辩证

张辩证总结出一些“神兽”眼里宝爸的问题：

我爸经常皱眉头，唉声叹气。

我爸经常喊累，说生活没有意思。

我爸遇到点儿困难，就说不想活了。

我爸外出不遵守交通规则，总是乱闯斑马线。

我爸开车时，遇到阻挡他的人与车，恶狠狠地说压死你。

我爸动不动就说打爆他、灭了他。

我爸经常说活着真不容易，睡过去算了。

群参谋——体育教练徐健身

徐健身通过与神兽们交谈，了解到一些“神兽”的心声：

爸爸没有时间、耐心陪伴我玩儿，也不带我户外运动，更不与我玩游戏，也不给我讲故事，我觉得孤独、寂寞，生活没有意思。

爸爸总爱唠叨，烦透了，我真是不想活了。

老师总批评我，还讽刺挖苦我，我觉得没脸见人了。

爸爸总逼着我好好学习，勇争第一，我特别压抑，死了算了。

同学总欺负我，我很难受，有时真的不想活了。

爸爸讨厌我，我觉得没有温暖，还不如死了算了。

着急上学，过斑马线来不及看红绿灯。

在外面玩，能有什么危险呀？

我没有读过生命方面的书籍，对生命与生命的意义没有概念。

爸爸没有给我认真讲过生命的话题。

群员——宝爸 18 问：如何寻找根源呢？
请各位爸爸指教。

群监督——艺术家赵广泛

宝爸工作、生活、婚姻不顺利，当着“神兽”的面，总说些轻生的话。

宝爸溺爱“神兽”，不让“神兽”受一点儿委屈。

宝爸没有给“神兽”讲解生命课，导致“神兽”不知道“生命”二字的真正内涵。

宝爸脾气暴躁，动不动就骂“神兽”、打“神兽”，让“神兽”内心很痛苦。

宝爸不懂得儿童心理，不知道“神兽”的年龄小，心理发育不健全；宝爸不给“神兽”留面子，不尊重“神兽”，严重伤害了“神兽”的自尊心。

宝爸不知道亲子关系的重要性，不陪伴、不交流，导致亲子关系紧张。

群主——博士李操心

“神兽”总觉得自己有人宠爱，我行我素，随心所欲惯了。

“神兽”在家没有受到过挫折与委屈，上学后，一旦被人歧视、误解、冷落，或受到不公正的对待、遇到不如意的事、自尊心受到伤害，心理就无法承受了，轻生的念头随之而来。

“神兽”虚荣心强、爱面子，批评不得，一旦受到了批评，难以接受，一时想不通，情绪低落，会产生轻生的念头。

“神兽”天不怕地不怕，外出时，忽视了安全，冒冒失失的，不能自觉地遵纪守法。

“神兽”看一些暴力影片，玩一些暴力游戏，暴力语言与行为增多，脑子里充斥着“同归于尽”“换命”“灭了他”等的画面。

群员——宝爸18：请各位爸爸支招，提供解决问题的办法。

副群主——心理专家王细心

通过惨痛的案例，告诉“神兽”生命是宝贵的，失去了就不能重来，必须特别珍惜。

带“神兽”走出去，或请“神兽”佩服的人与“神兽”交流，让“神兽”明白人活着就要有所作为、有所价值，应该珍惜生命，努力为国家、为社会、为民族、为家庭做出贡献。

形式多样的教育、启发，通过游戏、沙盘、情景剧、寓言等方式，告诉“神兽”要有骨气，勇敢地面对压力、批评、失败与委屈，把精力集中在学习上，不断提高自己的个人素质。

主动、经常地给“神兽”讲英雄人物的故事，只要条件允许就应该带着“神兽”近距离地了解先进模范人物，让“神兽”明白，遇到的困难与挫折一味地怨天怨地是没有用的，要靠自己去改变，改变周围环境，改变自我，为自己营造一个美好的新天地。

要设法密切亲子关系，睁大眼睛观察，平时无论工作多忙，也要认真观察“神兽”身上出现的一些异常情况，主动与“神兽”交流，耐心倾听“神兽”内心的想法，温暖“神兽”冰冷、寂寞与孤独的心。

要经常认真反思过去，冷静分析查找“神兽”为什么有异常情况，是否有轻生的苗头，等等。

群军师——哲学家张辩证

学点儿心理学知识，主动帮助“神兽”打开心结，耐心引导“神兽”说出心中郁闷的缘由，多倾听、开导“神兽”，少责备、埋怨“神兽”，多一点儿耐心，找到科学疏导的办法，使“神兽”逐渐放松心情，排解烦恼，帮助“神兽”解决问题。

要借助“国际珍惜生命日”，或借助别的特殊日子，让“神兽”明白，人的生命是极其珍贵的，轻生不仅是放弃生命，还会给亲人带来不可估量的悲痛，后果极其严重。其实，现实生活中，很多轻生者在被抢救回来后，非常后悔当初的鲁莽与冲动行为。

主动给“神兽”讲历史，讲人类的起源，让“神兽”明白人的一生相对历史的长河来讲，非常短暂，要想让生命有意义，就要珍惜现在、珍惜时间，培养广泛的兴趣爱好，用心去感悟大自然、感悟生命的意义、感悟人间真情，把自己融到社会这个大环境里。

主动陪伴“神兽”看《新闻联播》，引导“神兽”为自己设立人生目标，善始善终、持之以恒地去努力实现目标，这样生活就会非常充实，生活中就会有乐趣相伴，就会感到生命简直是太精彩了。

群参谋——体育教练徐健身

要注重口号的作用，在家里的明显位置贴上一些关于生命的标语，让“神兽”每天都能看见。日积月累，就会养成爱惜生命的好习惯了。

如：生命只有一次！

保护生命安全最重要！

生命丰富多彩！

好好活着！

我要对生命负责！

群公告

牢记在心中：要珍惜生命、热爱生命，聪明的人能够在有限的时间内，干出一番事业；愚蠢的人视生命为儿戏，不负责任地糟践生命，甚至毁灭生命。

每日“五个一”工程

☐ 陪伴“神兽”朗诵一首诗
☐ 陪伴“神兽”画一幅画
☐ 陪伴“神兽”户外运动
☐ 陪伴“神兽”看《新闻联播》
☐ 陪伴“神兽”自然聊天儿

亲子作业

“神兽”！你惜命吗？是（　　）否（　　）

“神兽”！请回忆出你惜命的一件事：

____

宝爸与“神兽”！你们感悟到了什么呢？

A.______________________________

B.______________________________

C.______________________________

群公告四
用正确的行为引导“神兽”

01
镇定的话题

群员——宝爸 19 紧急求救

“神兽”呆若木鸡

宝爸 19

前不久，我家的“神兽”在小区高楼下面玩游戏，一阵风突然刮过，18 楼的一个花盆坠落下来，眼看着就要砸到“神兽”的头上了。恰好被一位路过的年轻人发现，高喊：“快躲开！”

“神兽”仰头看着高速坠落的花盆，吓得全身哆嗦，如同木头人一样，竟然尿了裤子。

千钧一发之际，年轻人冲过去，把“神兽”拉走。瞬间，花盆坠落下来，砸在了“神兽”刚刚站立的地方。

“神兽”吓哭了，小区里的人们围过来，安慰“神兽”，七嘴八舌地说：“孩子，你怎么不知道跑呢？”“怎么这么呆呢？”“为什么不灵活呢？”“太危险了，好悬呀！”

“神兽”惊魂未定，哆哆嗦嗦地说：“我被吓傻了，无法镇定、无法机智，灵活不了。一次，我爸遇到了同样的事，也不知所措，比我还呆呢！我是受我爸的影响，可能是遗传吧。”

听了“神兽”的话，围观的人们面面相觑，一时无语。

群主——博士李操心

“神兽”差点儿被坠落的花盆砸中，差点儿闹出人命，教训深刻。从“神兽”说的话中可以断定，与宝爸的“坏榜样”作用有关系，需要宝爸们认真反思，不可掉以轻心。

副群主——心理专家王细心

王细心说出一些宝爸眼里“神兽”的问题：

“神兽”遇到突发事情，有点儿不知所措。

“神兽”面对自然灾害，只是害怕、哭泣。

“神兽”心理素质低，遇到事情不冷静。

“神兽”平时很厉害，关键时候却“六神无主”。

“神兽”不会分析问题，处理事情不理智，有时甚至失去理智。

“神兽”不爱学习，没有进行过类似的训练，缺乏紧急求生的技能，所以遇事不镇定。

群军师——哲学家张辩证

张辩证说出一些“神兽”眼里宝爸的问题：

我爸心理素质不高，遇到点儿外界刺激就大惊小怪。

我爸遭遇突发事件，手足无措，反应迟缓。

我爸在厨房炒菜，锅里的油着了，吓得脸都白了，幸亏油不多，火势不大。

有一次，我爸开车时，遇到一个小情况，一着急，没有踩刹车却踩了油门，汽车撞上了路边的大树。

我爸没有教我如何应对突发性的危险。

群参谋——体育教练徐健身

徐健身通过与神兽们交谈，了解到一些“神兽”的心声：

我没有心理准备，遇到紧急事情，无法保持镇定。

我也想镇定自若，可是到了关键时刻就“乱”了。

爸爸会时时刻刻保护我，我不知道什么是镇定、什么是危险。

我年龄小，心理不成熟，长大了就能镇定了。

爸爸没有教我镇定，也没有对我进行过镇定训练。

爸爸没有告诉我镇定的重要性，不知道镇定的真正含义。

群员——宝爸 19 问：如何寻找根源呢？请各位爸爸指教。

群监督——艺术家赵广泛

宝爸没有给“神兽”做好榜样，遇到突发事情，言行失态，让“神兽”受到了“负面”教育。

宝爸没有对“神兽”进行镇定教育，“神兽”对“镇定”二字的涵义很模糊，不知道真正的内涵。

宝爸不了解“神兽”的心理特点，没有对“神兽”进行心理素质训练，导致“神兽”心理素质差。

宝爸全面保护“神兽”，不让“神兽”接触外界的事物，等于物理隔绝了“神兽”“见世面”，导致“神兽”缺乏经验，遇事大乱。

宝爸自己也不知道应急情况下的求生技能，如何教育、指导“神兽”呢？

群主——博士李操心

“神兽”平时不爱学习，不知如何保持镇定。

“神兽”受一些电视节目、视频的影响，遇到事情惊慌失措、大呼小叫。

“神兽”被保护习惯了，不愿意也不能独自面对外面的事。

“神兽”思维简单，想事情考虑不周全，遇事不考虑后果，不能保持镇静，把本来能避免的灾害引发了。

“神兽”心智不高，学的知识不能正确运用，关键时候发挥不出来。

群员——宝爸19问：请各位爸爸支招，提供解决问题的办法。

副群主——心理专家王细心

要经常带“神兽”去郊外、野外活动，边玩儿边讲与镇定有关的故事、案例，甚至可以现场演练。

要主动给“神兽”讲历史上与镇定有关系的英雄故事，耳濡目染，“神兽”就会明白镇定是对人心理素质的考验，无论年龄大小，具备镇定心理，从容面对一切情况，十分关键。

要通过鲜活的事例，告诉“神兽”面对各种突发情况，保持镇定尤为重要，只要积极想对策、想办法，从容应对，科学处理，必然会化险为夷、柳暗花明。

群军师——哲学家张辩证

通过沙盘演示、模拟情景剧、游戏、漫画等方式，告诉“神兽”不要怕突发事情，这是对一个人综合素质的全面锻炼，经历得多了，自然就镇定下来了，处理事情的能力逐渐提高。

要有耐心引导，根据“神兽”的年龄与心智，有针对性地对“神兽”进行模拟训练，让“神兽”体验突发的“灾害”，了解灾害，磨炼“神兽”的意志，提高“神兽”的心理承受能力。

要以身作则，在“神兽”面前，一旦遇到突发情况，务必要保持镇定，给“神兽”示范教学。

群参谋——体育教练徐健身

要注重口号的作用，在家里的明显位置张贴一些关于镇定的标语，让“神兽”每天都能看见，每天都能有所感悟，日积月累，就会养成遇事镇定的好习惯了。

如：镇定是一种素质！

镇定才能显示出英雄本色！

镇定才能化险为夷！

群公告

牢记在心中：镇定与年龄大小无关，要根据年龄大小与心理特点，有针对性地进行心理训练，积累处理事情的经验，遇事不慌乱，沉着应对，才能化险为夷，转危为安。这是求生训练的必修课，务必及早安排，不能认为是可有可无的事。

每日“五个一”工程

- ☐ 陪伴“神兽”朗诵一首诗
- ☐ 陪伴“神兽”画一幅画
- ☐ 陪伴“神兽”户外运动
- ☐ 陪伴“神兽”看《新闻联播》
- ☐ 陪伴“神兽”自然聊天儿

亲子作业

“神兽”，你镇定吗？是（　　）否（　　）

请“神兽”回忆出自己镇定的一件事。

____

宝爸与“神兽”感悟到了什么呢？

A.______________________________

B.______________________________

02
忍耐的话题

群员——宝爸 20 紧急求救

“神兽”砸伤了同学的鼻梁骨

宝爸 20

前不久，我家的“神兽”下学急着往家走。一个同学在后面连续不断地喊“神兽”的外号——“大黑脸”“包公”。因为“神兽”长的黑，脸比较大，有点儿像包公。

“神兽”非常生气，实在忍耐不住，弯腰捡起石头，朝同学砸了过去。巧了，同学的鼻梁骨被砸骨折了，流血不止。同学受到惊吓，身心受到了极大伤害。

老师把双方的家长找来，严肃地批评了我家的“神兽”。

我家“神兽”承认了错误，诚恳地向同学道歉，然后仰头看着我，气愤地说：“都怪你，以前你经常跟我说，遇到被同学欺负、叫外号、取笑时，不要忍耐，要以牙还牙，该出手时就出手。”

在场的老师和家长听了“神兽”的话，惊愕不已，一起看着我。我羞愧地低下头，无颜面对老师和被打伤的同学和家人。可见，父亲的言行对“神兽”的影响是深刻的。

群主——博士李操心

“神兽”遇到事情不能忍耐，失去理智，砸伤了同学，后果

严重。分析其原因，与宝爸以往说的话有直接关系，需要宝爸们认真反思，不可掉以轻心。

副群主——心理专家王细心

王细心说出一些宝爸眼里“神兽”的问题：

“神兽”不知道为什么要忍耐，也不知道忍耐的重要性。

“神兽”忍耐力差，坐不住。

“神兽”不会忍耐，不让看电视、不让玩手机、不让玩游戏，就撒娇、使性子。

“神兽”被惯坏了，遇到不如意的事，就大喊大闹。

“神兽”不爱学习，自控力差。

“神兽”爱模仿影视作品里的“坏人”，遇到事情暴跳如雷、怒气冲天。

群军师——哲学家张辩证

张辩证总结出一些“神兽”眼里宝爸的问题：

我爸遇到不顺心的事，经常骂骂咧咧的。

我爸经常说不抽烟了，过一会儿就忍受不了，偷偷地抽烟。

我爸说不看手机微信了，一扭头，又看手机微信。

我爸超市买东西排队时，总是忍不住说收银员慢。

我爸说再也不喝酒了，可是没过几天，又悄悄地喝上了。

我爸在公共场所经常悄悄地摘下口罩，说憋得慌，摘下来透透气。

我爸开车等红灯时，总是埋怨红灯时间长，绿灯时间短。

群参谋——体育教练徐健身

徐健身通过与神兽交谈，了解到一些“神兽”的心声：

忍耐就是受窝囊气，我才不愿意！

为什么要忍耐呀？

忍耐就要付出，我不想付出。

忍耐就是无能的表现。

忍耐是大人的事，等我长大就会忍耐了。

群员——宝爸20问：如何寻找根源呢？请各位爸爸指教。

群监督——艺术家赵广泛

宝爸遇事不冷静，点火就着，语言暴力成了习惯。

宝爸起到了负面“榜样”的作用，自己没有忍耐力，无形中就根植在孩子心中。

宝爸不对“神兽”进行忍耐教育，导致“神兽”对“忍耐”二字的本质与重要性一无所知。

宝爸自己不喜欢读书，更不善于与“神兽”一起读书，没有通过书中的人物故事，让“神兽”知道如何忍耐？怎么忍耐？

群主——博士李操心

“神兽”没有受过忍耐教育。

“神兽”被大人保护起来，有求必应，被大人惯坏了。

“神兽”没有独立处理事情的经验，遇到事情，忍耐不住。

“神兽”霸道惯了，遇到不顺心的事情就发火。

“神兽”独惯了，不能吃亏受气。

“神兽”受一些书籍、画报、影视的影响，脾气暴躁，我行我素。

“神兽”遇事不考虑后果，甚至失去理智，难以控制自己的行为，会酿成大祸。

群员——宝爸20问：请各位爸爸支招，提供解决问题的办法。

副群主——心理专家王细心

通过模拟情景剧、游戏、寓言的方式让“神兽”清醒认知，知道忍耐是一种素质，是预防祸端，成就大事的“清醒剂”，不是可有可无的。

要结合鲜活的事例，耐心细致地给"神兽"讲"忍耐"二字的真正含义，让"神兽"重视忍耐，明白忍耐的重要性。

要与"神兽"一起读书，在书中学到忍耐的道理，知道忍耐并不是软弱，在非原则的问题上，应该讲风格、讲友谊，宁肯自己受点儿委屈，也要维护友谊、维护团结，避免不必要的危害发生。但在原则性的问题上就不能忍让，该出手时就出手，敢于向对方讲道理，大胆地明辨是非，积极、主动、理性地解决问题。

群军师——哲学家张辩证

要经常带"神兽"外出参观学习，让"神兽"多看看、多听听优秀人物的成长经历，明白凡是成大器者，都是天底下最能忍耐的人，他们耐得住寂寞、耐得住艰苦、耐得住枯燥、耐得住饥渴、耐得住诱惑、耐得住流言蜚语，始终以一颗平静的心面对各种复杂的情况，正是由于这种超强的忍耐，最终成功地实现了人生价值。

要给"神兽"做个好榜样，在"神兽"面前处理各种事情时，务必要成为忍耐的高人，给"神兽"做好示范。

群参谋——体育教练徐健身

要注重口号的作用，在家里的明显位置贴上一些关于忍耐的提示语，让"神兽"每天都能看见、都能思考、都能有所感悟，日积月累，就会养成遇事忍耐的好习惯了。

如：忍耐是一种能力！

忍耐让自己避免事端！

忍耐能成就大事！

群公告

牢记在心中：忍耐可以让人赢得尊重，让人专心致志地学习，避免各种祸端，是保证平安的秘密。

每日“五个一”工程

- □ 陪伴“神兽”朗诵一首诗
- □ 陪伴“神兽”画一幅画
- □ 陪伴“神兽”户外运动
- □ 陪伴“神兽”看《新闻联播》
- □ 陪伴“神兽”自然聊天儿

亲子作业

“神兽”，你忍耐吗？是（　　）否（　　）

请“神兽”回忆出自己忍耐的一件事。

____

宝爸与“神兽”感悟到了什么呢？

A.______________________________

B.______________________________

03
观察的话题

群员——宝爸 21 紧急求救

“神兽”被批评了

宝爸 21

“六·一”放假，老师要求同学们外出观察自然，写一篇关于植物与鲜花生长的作文。

我知道此事后，随口说：“有什么好观察的，想想就得了。在家好好休息，多睡会觉。”

“神兽”听了我的话，高兴得手舞足蹈，待在家里看电视，忘记了出门观察植物与鲜花，半夜赶写作文，由于没有观察，只好“闭门造车”，苦思冥想，仓促地写完作文，竟然写：公园里的鲜花竞相开放，有牡丹花、月季花、梅花、桃花、玉兰花、樱花、芍药花、铁树花……

老师在评语中写了这样一段话：没有外出观察鲜花与植物，凭空想象，不尊重客观规律，希望你以后认真观察，不要凭空妄想，诚实一些。

看了老师的评语，“神兽”羞愧地找到老师，承认了自己看电视上瘾了，没有出门观察植物与鲜花。同时，也表达了对爸爸的不满。

我知道此事后，非常后悔，表示以后要鼓励“神兽”多观察，不能弄虚作假，不凭空想象。可见，宝爸的言行对“神兽”的影响是多么的严重！提醒群里的宝爸们汲取我的教训。

群主——博士李操心

“神兽”不观察生活，写出了虚假的作文，受到老师评判，究其原因，与宝爸说话不负责任有关系，需要宝爸们认真反思，不可掉以轻心。

副群主——心理专家王细心

王细心总结出一些宝爸眼里“神兽”的问题：

“神兽”粗心大意，不会观察。
“神兽”性子急，不愿意观察。
“神兽”不会观察，不知道观察的重要性。
“神兽”不爱学习，思维简单，不会对比观察。
“神兽”没有把观察当回事儿。
“神兽”没有吃过不观察问题的亏，所以没有引起重视。

群军师——哲学家张辩证

张辩证总结出一些“神兽”眼里宝爸的问题：

我爸马马虎虎的，不会观察。
我爸不爱学习，认为观察没有用。
我爸就爱蜗居在家里看电视，不愿意外出观察事物。
我爸没有告诉我观察的意义？如何观察？
我爸没有耐性，不会把时间花在观察上。
我爸爱睡懒觉，不带我外出观察动植物、日月星辰。

群参谋——体育教练徐健身

徐健身通过与神兽交谈，了解到一些“神兽”的心声：

家里这么熟悉，观察什么呢？
上学、下学、回家，有什么观察的呢？
观察不就是看看吗？谁不会呀！
养成观察的习惯有什么用呢？

不观察，我也没有什么损失呀？为什么要浪费时间观察呢？

我爸从不陪伴我观察，更不会指导我观察。

群员——宝爸 21 问：如何寻找根源呢？请各位爸爸指教。

群监督——艺术家赵广泛

宝爸忽视了培养“神兽”的观察能力，觉得是可有可无的事。

宝爸没有耐心，不能认真仔细地告诉“神兽”怎么观察、观察什么、为什么观察，导致“神兽”对“观察”二字理解不够深刻。

宝爸自己也不爱观察，也不会观察，没有给“神兽”做好观察的榜样。

宝爸不学习，不愿意与大自然接触，总是蜗居在家里，视野短浅。

宝爸与“神兽”亲子关系紧张，不知道陪伴“神兽”观察是增进亲子关系的灵丹妙药。

群主——博士李操心

“神兽”贪玩，没有耐心，顾不上观察。

“神兽”把爸爸与老师强调的观察当成“耳旁风”，我行我素，懒得观察。

“神兽”对观察缺乏真正的了解，没有从本质上了解观察的重要意义，甚至把观察与看看混为一体。

“神兽”模仿能力强，看见爸爸不爱观察，自己也蜗居在家里。

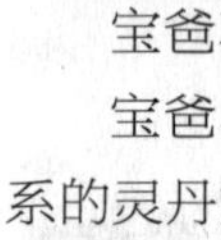

群员——宝爸 21 问：请各位爸爸支招，提供解决问题的办法。

副群主——心理专家王细心

通过画图、模拟情景剧、游戏的方式，告诉“神兽”观察是

认识世界、认知社会、获得知识的重要的途径，通过观察可以看到很多新鲜事物、拓宽视野，会提高分析能力和判断能力，减少危害的发生。

通过恰当的事例，告诉“神兽”只有细心观察，才能感悟到生活是最好的教科书，平时只有睁大眼睛，不断地观察、感悟，才能使自己更加充实、更加自律、更加有思想，去掉浮躁，更加睿智地对待一切。

通过讲故事，调查研究，采访当事人，与心理专家谈话，让“神兽”明白两个问题：

一是善于观察的人，看什么都是客观的、美好的、愉悦的。二是不爱观察的人，看什么都是灰色的，心情沉闷，结果大不相同。

要陪伴“神兽”多看与观察有关系的纪录片、短视频、电影，想方设法让“神兽”记住——成长过程中只有学会观察，生活才能丰富多彩，才能健康成长。

群军师——哲学家张辩证

带“神兽”走进大自然，通过现场演示，告诉“神兽”应该观察什么，教会“神兽”怎么观察，需要注意的细节，等等。

引导“神兽”观察人，让“神兽”明白人是社会的人，离不开生存环境，生活中有各色各样的人，通过观察不同的人，可以感悟到很多在家和学校感悟不到的东西。比如：看见一家三口在嬉戏，感悟到人生之乐；看见急匆匆赶路的人，感悟到时间的节奏；看见相互搀扶的老人，感悟到爱情的真谛；观察公园里的舞者，感悟到生活的多姿多彩；看见民警，感悟到安全。

引导“神兽”观察物，让“神兽”明白物是构成自然界的本质，没有物，世界也就不丰富多彩了。大自然赏赐给人类很多美好的物，日月星辰、鲜花、草木、动物等，通过观察，可以使人心胸宽广，更加珍惜宝贵的生命。比如：观察太阳，感悟希望和生命；观察月亮，感悟圣洁与美好；观察繁星，感悟宇宙之广；观察蜜蜂，感悟劳动的辛劳；观察喜鹊，感悟一切总是美好的；观察松树，感悟生命常青，精神不老的道理；观察新通车的立交桥，感悟交通的畅通。

引导“神兽”观察事物，让“神兽”明白人生不仅要经历很多事，而且还会看到很多事，在社会这所大学里，有学不完的知识与文化。比如：观察尊老爱幼的情景，感悟人间真情；观察搀扶盲人过马路，感悟爱无处不在；观察救护车呼啸而过，感悟生命的脆弱与短暂；观察孕妇，感悟母亲的伟大；观察红绿灯，感悟一切都要有秩序；观察婚礼车队，感悟甜蜜的爱情生活的开始；观察高楼一天天增高，感悟工人的伟大。

群参谋——体育教练徐健身

要注重口号的作用，在家里的明显位置贴上一些关于观察的提示语，让“神兽”每天都能看见，加深对“观察”二字的理解，日积月累，就会养成爱观察的好习惯了。

如：观察才能感悟生活！

会观察才能明白天地之道！

天天观察天天有收获！

做一个会观察的人！

观察使人学会思考！

群公告

牢记在心中：善于观察的人，能发现问题的本质，能找到解决问题的规律，能避免一些危险事情的发生。

每日“五个一”工程

□ 陪伴“神兽”朗诵一首诗
□ 陪伴“神兽”画一幅画
□ 陪伴“神兽”户外运动
□ 陪伴“神兽”看《新闻联播》
□ 陪伴“神兽”自然聊天儿

亲子作业

“神兽”，你会观察吗？是（　　）否（　　）

请“神兽”回忆出自己观察的一件事：

____

宝爸与“神兽”感悟到了什么呢？

A.______________________________

B.______________________________

04
决策的话题

群员——宝爸 22 紧急求救

“神兽”被送进了医院

宝爸 22

暑假到了，我家的“神兽”去超市买东西，经过一个小胡同，路过一个小饭馆，遇到了一个“醉汉”，满嘴酒气，拎着啤酒瓶子大喊大闹，挡住了小胡同的道路。人们纷纷绕路躲避，担心被伤害。“神兽”放慢脚步犹豫着——绕路太远，不绕路担心被“醉汉”伤害，犹豫来犹豫去，磨磨叽叽的几分钟过去了。

突然，“醉汉”撒酒疯了，举着啤酒瓶子朝“神兽”追来。“神兽”被吓到了，呆若木鸡，被醉汉的酒瓶子打伤，被人送进医院。

医生给“神兽”治疗外伤时，关切地问：“为什么不及早躲避，绕道去超市呢？”

“神兽”后悔地说：“我遇到事情总是犹豫不决，特别像我爸。我爸遇事，总是想来想去、变来变去。”

医生连连点头，深感宝爸的言行与行事风格对“神兽”的成长起到了决定性的影响，值得深思。

群主——博士李操心

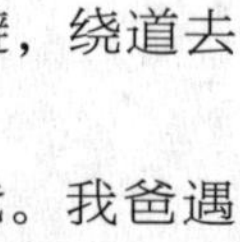

“神兽”遇事犹豫不决，没有主见，导致受伤，后果严重。

分析其原因，与宝爸的言行有关系，由此可见，宝爸的不良言行对“神兽”有很强的心理暗示，宝爸们要认真反思，改掉不良的言行。

副群主——心理专家王细心

王细心总结出一些宝爸眼里“神兽”的问题：

“神兽”不相信自己，总是怀疑自己。
“神兽”不爱学习，肚子里没有“墨水”，遇事没有主心骨。
“神兽”处理事情犹豫，反复无常。
“神兽”天生优柔寡断。
“神兽”决定事情不走脑子。
“神兽”遇事畏手畏脚，没有主意。
“神兽”受爸爸负面的心理暗示多，已经形成惯性，很难改变。

群军师——哲学家张辩证

张辩证总结出一些“神兽”眼里宝爸的问题：

我爸遇事没有担当，前怕狼后怕虎。
我爸优柔寡断，办事思前顾后、畏手畏脚。
我爸遇到事情想法多，改变得快，刚刚决定了，又变了。
我爸没有耐心、细致地给我讲“决策”二字的本质，为什么要决策。
我爸思维简单，遇到事情，慌乱不堪，想不出好主意。
我爸处理事情，不分析，更不考虑后果。

群参谋——体育教练徐健身

徐健身通过与神兽交谈，了解到一些“神兽”的心声：

平时没有什么事情需要决策的呀？
决策是大人的事情，与我们没有关系。
决策是班干部的事，与我们普通同学没有关系。
顺其自然，有什么好决策的呢？走到哪步说哪步的话。
决策后就要负责任，万一出了问题，可是要担责任呀！
遇到重大问题才决策，我们没有什么重大问题，谈决策为时过早。

我的一些事情，爸爸帮我决定了。

群员——宝爸 22 问：如何寻找根源呢？
请各位爸爸指教。

群监督——艺术家赵广泛

宝爸不引导“神兽”学习决策，导致“神兽”不知道什么是决策，不会决策。

宝爸溺爱“神兽”，不给“神兽”创造决策的机会。

宝爸不爱学习，肚子里“墨水”少，自己不会决策，遇事优柔寡断，给“神兽”造成了负面影响。

宝爸不懂得陪伴、不带“神兽”外出，没有在实战中锻炼、培养“神兽”的决策能力。

群主——博士李操心

“神兽”不爱学习，没有认真理解过“决策”二字的意义，所以对决策的概念很模糊。

“神兽”玩心大，不知道决策对于成长的重要性，所以遇事不愿意决策。

“神兽”对“决策”二字有偏见，认为决策是大人的事，长大了就会决策了。

“神兽”受到庇护过多，没有单独决策的机会，一切爸爸说了算，没有形成自己的思维方式。

“神兽”认为决策需要智谋，不想成为“鬼点子”多的人。

群员——宝爸 22 问：请各位爸爸支招，
提供解决问题的办法。

副群主——心理专家王细心

通过各种方式（沙盘、模拟情景剧、寓言等），耐心细致地

告诉“神兽”——决策是人们生活中普遍存在的一种重要活动，它涉及各个领域，每个人的行动与行为方式都要受到决策的支配，所以决策的含义就是决策者经过各种考虑和比较之后，对应当做什么和应当怎么去做、做到什么程度、用什么手段做的决定，是为解决当前或者未来可能发生的问题，认真选择最佳方案的一种过程。

给“神兽”画统筹图、人生发展阶段图，清清楚楚地告诉“神兽”现阶段主要是学习，那么为了把学习搞好，随时都需要决策。先学什么，后学什么，怎么复习，时间如何分配，如何提高记忆效果，看什么书等。

要鼓励“神兽”多读书，学圣贤、学英雄、学科学家、学发明家等，知道决策的重要性。会决策的人事半功倍，不会决策的人容易打糊涂仗。

给“神兽”讲一讲“田忌赛马”的故事。

群军师——哲学家张辩证

要通过鲜活的案例，让“神兽”知道，决策的过程中，勇气与魄力是最重要的因素之一，缺少了勇气和魄力，往往就会缩手缩脚，丧失许多机会。但是单凭勇气与魄力，没有科学依据，不切合自己的实际，也是不成的。

要结合经典的案例，告诉“神兽”决策不是一成不变的，是要根据当时的情况，临机而变，但总意图是要保证最大利益，避免失误。

要通过各种有效的方式告诉“神兽”决策的方法，必须牢记在心里，随时使用。

一是发现问题，提出几个意见。

二是调查研究，掌握详尽情况。

三是确定最理想的决策目标。

四是找出达到目标的具体办法。

五是分析评估，排列出最佳方案。

六是选择最佳方案，具体实施。

可以通过推演图的方式，告诉“神兽”决策一定要建立在确定的事实基础之上，不可盲目决策；决策必须有应变能力，具有一定的弹性，留有回旋余地，以应付多变的客观情况；决策要充分考虑到风险，要估计一个界限，不冒风险的决策是没有的。

群参谋——体育教练徐健身

要注重口号的作用，在家里的明显位置贴上一些关于决策的提示语，让“神兽”每天都能看见、都能思考，明白决策离不开生活、学习，日积月累，就会养成决策的好习惯了。

如：科学分析，正确决策！

提高效率，学会决策！

避免犯错误，敢于决策！

躲避危险，快速决策！

决策需要智慧！

群公告

牢记在心中：决策是一个复杂的过程，需要每个人具备大量的知识，掌握科学分析问题的方法，要通过反复训练、摸索、总结，才能使自己真正成为一个英明的决策者。

每日“五个一”工程

- □ 陪伴“神兽”朗诵一首诗
- □ 陪伴“神兽”画一幅画
- □ 陪伴“神兽”户外运动
- □ 陪伴“神兽”看《新闻联播》
- □ 陪伴“神兽”自然聊天儿

亲子作业

“神兽”，你正确决策过吗？是（　　）否（　　）

请“神兽”回忆出自己正确决策的一件事。

____

宝爸与“神兽”感悟到了什么呢？

A.______________________________

B.______________________________

05
计划的话题

群员——宝爸 23 紧急求救

“神兽”熬夜赶作业

宝爸 23

“五一”长假，我家的“神兽”到了假期最后一天晚上作业还没有写完，急得满头大汗，熬夜赶写作业。第二天，晕晕乎乎，早饭也顾不上吃，跑着上学去了，进教室不一会儿，打起了瞌睡，老师讲什么也不知道。

第二天，老师找“神兽”谈话，指出“神兽”写的作业乱七八糟，错误很多，肯定没有认真写作业。“五一”小长假，写作业的时间充裕，为什么这么潦草呢？为什么不计划一下呢？

“神兽”羞愧地点点头，说自己假期只顾玩儿了，没有计划好写作业的时间。而后，“神兽”悄悄地对老师说：“其实，这与我爸有关，我爸知道我有作业，‘五一’还带我出去玩，一路上总是说车到山前必有路，着什么急呀？”

老师听了“神兽”的话，认为我有不可推卸的责任，打电话指出我的错误，希望我日后能给“神兽”做好榜样。

我感到很羞愧，思考了一夜，认识到自己的言行对“神兽”的影响是深远的，不能掉以轻心。

群主——博士李操心

“神兽”小长假没有认真写作业，学习态度有问题，受到了老师的批评，分析其原因，与宝爸不负责任的言行有关系，由此可以看出，宝爸的不良言行对“神兽”有很强的心理暗示，后果很严重，需要宝爸们认真反思，管住自己的嘴。

副群主——心理专家王细心

王细心总结出一些宝爸眼里“神兽”的问题：

“神兽”玩心大，不会计划使用时间。

“神兽”做事没有头绪，顾头不顾尾。

“神兽”学习乱作一团，一会儿看数学、一会儿看语文、一会儿看英语，最后什么也看不进去，什么也没有学好。

“神兽”对“计划”二字很陌生，不知道计划的重要性。

“神兽”认为计划是大人的事，自己年龄小，长大了就会计划了。

“神兽”经常吃不计划的亏，还不长记性。

“神兽”计划星期日早 6 点起床学习英语，闹钟响了以后，不想起，接着睡，睡到上午 9 点，磨磨蹭蹭到 11 点也没有学习。

“神兽”年初想把英语成绩提高一个档次，买了网课、课外教材等，由于没有制订科学的英语学习计划，随意性大，结果年终英语考试成绩还是不理想。

群军师——哲学家张辩证

张辩证总结出一些“神兽”眼里宝爸的问题：

我爸办事前不知道计划，总是说顺其自然。

我爸外出经常遇到不顺心的事情，总是后悔说没有预先计划。

我爸过日子稀里糊涂，家里要干什么事总是到眼跟前再说。

我爸经常说计划赶不上变化，计划什么呀？

我爸从来没有告诉过我为什么要计划，怎么计划，如何落实计划。

群参谋——体育教练徐健身

徐健身通过与神兽交谈，了解到一些“神兽”的心声：

我是一个学生，有什么好计划的呢？

计划纯粹是浪费时间，就顺其自然吧。

预先计划好好的，遇到事情就变化，所以计划有什么用呢？

学习好才能说明一切，计划得再好，学习不好也白扯。

在家有大人，在学校有老师，不需要我计划什么吧？

我年龄小，长大了就会计划了。

我真心希望爸爸是个会计划的人。

群员——宝爸23问：如何寻找根源呢？请各位爸爸指教。

群监督——艺术家赵广泛

宝爸自己没有计划性，没有起到榜样的作用，给“神兽”造成了负面影响。

宝爸不重视对“神兽”进行计划教育，导致“神兽”对“计划”二字很陌生。

宝爸发现“神兽”没有计划后，不引导、不教育，放任自流，致使“神兽”不愿意计划。

群主——博士李操心

“神兽”玩心大，不爱学习，不理解“计划”二字的内涵。

“神兽”不爱动脑筋，脑子里没有计划的概念，总认为计划离自己很远。

“神兽”认为计划是大人的事，自己没有什么好计划的。

“神兽”看见爸爸做事情不爱计划，自己也随着爸爸做事情了，没有养成计划的好习惯。

“神兽”认识上缺乏高度，认为只要学习好，计划不计划没有关系。

群员——宝爸23问：请各位爸爸支招，提供解决问题的办法。

副群主——心理专家王细心

要通过事例告诉“神兽”计划的重要意义，不只是对于学习有益处，对生活、工作、事业及成长都有好处，让“神兽”知道计划对成功有着举足轻重的作用。

请成功人士（考入名牌大学的学长、学姐）与“神兽”交流，让“神兽”明白，一个好的计划可以减少盲目，避免失误，使千头万绪的事情按部就班、协调有序、提高效率，减少无用功。

要密切亲子关系，多陪伴，主动与“神兽”一起制订学习、生活、体育锻炼的计划，使“神兽”养成良好的计划事情的习惯。

要学点儿童心理学，科学地给“神兽”减压。现在“神兽”每天获得的信息量大，每天要学的知识很多，各科老师抓得都很紧，家长也给了“神兽”不小的压力（课外班），如果“胡子眉毛”一起抓，不给“神兽”科学减压，最终会出现“打乱仗”，什么也学不好的怪现象，甚至还会出现事倍功半的结局。

要通过亲子游戏的方式或模拟情景剧的方式，告诉“神兽”以学为主，学习计划是保证学习时间、学习目标、学习方式落实的指导书，对养成好的学习习惯非常有益。学习计划包括日计划、周计划、月计划、季度计划、学期计划和年度计划，及早培养“神兽”的计划意识。

群军师——哲学家张辩证

要告诉“神兽”执行计划要坚决，学会分清主次，抓主要问题。为了保证学习效果，可以根据学习情况、身体情况，科学制订单科学习计划，争取在短时间内提高单科成绩，掌握学习方法，提高学习效率。

要通过实例让“神兽”明白再好的计划如果不执行、不落实，也都没有意义。通过实例，让“神兽”知道计划并不是万能的，但必须有计划。

要让“神兽”明白，计划应该建立在科学、实际的基础之上，越详细越好。

要告诉“神兽”计划不是一成不变的，应该根据当时的情况变化，科学调整，达到以变应变的目的，提高效率，对学习有促进作用，不能成为学习的阻碍。

要时刻监督“神兽”，检查“神兽”计划的执行情况，奖惩严明，让“计划”二字牢记在“神兽”的脑海中。要实施监督、检查，帮助“神兽”自觉地执行计划，不能擅自改变。

要言传身教，自身要有计划性，平时无论多忙，也要制订家庭生活、学习与发展的计划，给“神兽”做好表率。

群参谋——体育教练徐健身

要注重口号的作用，在家里的明显位置贴上一些关于科学计划的提示语，让“神兽”每天都能看见、都能思考，都能有计划地生活和学习，日积月累，就会养成按计划工作、生活和学习的好习惯了。

如：科学计划很重要！

会计划是一种素质！

计划能让自己从容不迫！

计划能让自己轻轻松松！

计划是成熟的表现！

群公告

牢记在心中：计划一旦制订，就要认真执行，不能走样。很多事情的失败，不是计划本身的问题，而是执行者在执行计划时走了样，导致结果与实际不一致。

每日“五个一”工程

- □ 陪伴“神兽”朗诵一首诗
- □ 陪伴“神兽”画一幅画
- □ 陪伴“神兽”户外运动
- □ 陪伴“神兽”看《新闻联播》
- □ 陪伴“神兽”自然聊天儿

亲子作业

“神兽”，你会计划吗？是（　　）否（　　）

请“神兽”回忆出自己计划的一件事。

____

宝爸与“神兽”感悟到了什么呢？

A.______________________________

B.______________________________

06
分析的话题

群员——宝爸 24 紧急求救

“神兽”在被窝里玩游戏

宝爸 24

“十一”长假第一天夜里，我喝多了，早睡了。我家的“神兽”躺在被窝里玩游戏，十分投入，几乎入迷了。突然，“神兽”听见客厅的窗户有异常响声，“神兽”没有分析声音的来源，以为是我在客厅里悄悄看电视，没有吱声，继续玩游戏。

第二天，我发现客厅的窗户被撬开了，丢了不少贵重物品。报案后，民警进门取证，问半夜谁听见动静了。我说喝酒了，睡得死，什么也不知道。

“神兽”说：“我听见了异常响声，没有吱声，更没有喊爸爸。只顾打游戏了，只顾在游戏里杀杀杀了。”

我气急败坏，追问“神兽”为什么不喊，“神兽”不假思索地说：“你平时你总是嘱咐我少费点儿脑筋，多一事不如少一事，平时活的简单点儿，别总往坏处想。哪有那么多坏人呀？别乱管闲事。”

在场的人们听了“神兽”的话，都把目光转向了我，惊愕不已。我羞愧得无言以对，后悔说话不负责任，平时没有教会“神兽”如何分析问题、判断问题、处置问题。

群主——博士李操心

“神兽”只顾在被窝里玩手机没有发现贼，导致家庭被盗，损失不小。分析“神兽”犯错误的原因，与宝爸以往说的话有关系，由此得出结论——宝爸的言传身教不可忽视，需要认真反思，不可掉以轻心。

副群主——心理专家王细心

王细心总结出一些宝爸眼里“神兽”的问题：

“神兽”办事总是遇到小麻烦，其实是不爱动脑筋分析问题造成的。
“神兽”遇到麻烦，乱喊乱叫，不能理性分析。
“神兽”不爱学习，肚子里“墨水”少，不会分析问题。
“神兽”贪玩，不知道“分析”二字的真正含义。
“神兽”没有进行过分析训练，遇事傻傻的。
“神兽”受爸爸的言行影响较重，继承了爸爸不良的思维习惯。

群军师——哲学家张辩证

张辩证总结出一些“神兽”眼里宝爸的问题：

我爸平时马马虎虎的，粗线条。
我爸不爱动脑筋，懒得分析问题。
我爸性子急，不理智，更不愿意分析问题。
我爸不爱学习，知识储备不多，脑子里没有“分析”二字。
我爸没有耐心，不知道教我如何分析问题。

群参谋——体育教练徐健身

徐健身通过与神兽交谈，了解到一些“神兽”的心声：

简简单单多好呀，为什么要分析呀！
我年龄小，不会分析问题，很正常。
分析问题太累，不想费脑子。
分析问题就是耍心眼儿，我不想耍心眼儿。
我不爱学习，对“分析”二字很模糊。

我是个学生，不需要分析问题。

其实，我希望爸爸是个善于分析问题的高手。

群员——宝爸 24 问：如何寻找根源呢？
请各位爸爸指教。

群监督——艺术家赵广泛

宝爸自身不爱分析问题，言语之间表示分析问题没有用，没有给“神兽”做好榜样。

宝爸对“神兽”教育没有耐心，没有认真引导“神兽”学习分析问题，导致“神兽”不会分析问题，不敢分析问题。

宝爸发现“神兽”不会分析问题时，不及时教育引导，不主动帮助“神兽”提高分析问题的能力，不认真细致地告诉“神兽”掌握分析问题的方法与技巧。

宝爸溺爱“神兽”，不舍得让“神兽”费脑筋。

群主——博士李操心

“神兽”不爱学习，对“分析”二字很陌生，甚至对“分析”二字有偏见。

“神兽”玩心大，不爱学习，对“分析”二字很排斥，甚至故意回避。

“神兽”头脑简单，把问题、矛盾推给家长，自己逐渐变成了不爱动脑筋的人。

“神兽”模仿大人的言行，久而久之，就随大人了。

群员——宝爸 24 问：请各位爸爸支招，
提供解决问题的办法。

副群主——心理专家王细心

通过游戏、模拟训练与讲故事的方式，积极引导、督促“神兽”多学习，掌握分析问题的方法，需要吃苦，需要通过一系列的训练与经验积累才能得以实现。

鼓励“神兽”阅读，让“神兽”知道，人的大脑中有很多潜在的功能没有开发出来，如果经常运用大脑思考问题，让大脑细胞活跃起来，记忆细胞就会异常活跃，逻辑推理的能力也就逐渐增强，这样在遇到问题时，思维就会敏捷，分析能力就加强，就容易找出最科学的解决途径，增加成功的机会，减少失败的概率，甚至可以避免失败。

通过案例告诉“神兽”，成功不在于谁成功了几次，而在于谁的失误少。要让“神兽”明白失误少的前提就是善于分析问题，这是基础的基础，绝对不能忽视。

主动陪伴，与“神兽”一起分析问题，养成分析问题的好习惯。想方设法给“神兽”提供独立分析问题的机会，遇到问题、困难时，宝爸先不要大包大揽地帮“神兽”解决，可以先引导“神兽”分析情况，找出问题的原因及解决的途径，逐渐使“神兽”养成遇事分析的好习惯。

群军师——哲学家张辩证

及时鼓励“神兽”，肯定“神兽”的分析结果，实事求是地指出优、缺点，让“神兽”发现分析问题的不足，及时加以改正。

谁都想成为聪明智慧的人，聪明智慧的人有一个共同的特点——爱动脑筋。所以，鼓励“神兽”遇到问题开动脑筋分析，不分析透彻不罢休，务必要寻找蛛丝马迹，让事情水落石出。

要耐心教会“神兽”分析问题的方法，不能随心所欲乱分析。具体分析方法：

一是经验分析法，根据事物的特点、规律、过去、现在，分析事物未来发展的趋势与走向。

二是定量分析法，通过精确的数学计算，大量的数据统计结果，人的因素、外部条件等情况，对事情的未来及发展结果做出准确的判断。

三是综合分析法，把前两种分析方法结合起来，综合运用，可操作性就会很高。

四是采取计算机模拟评估分析法，利用分析模块，对比各种数据，找出最佳的方案。

群参谋——体育教练徐健身

要注重口号的作用，在家里的明显位置贴上一些关于分析的提示语，让“神兽”每天都能看见、都能思考，都能悟出分析的重要性，日积月累，就会养成科学分析问题的好习惯了。

如：分析才能看透本质！

分析不能马马虎虎！

分析才能减少失误！

群公告

牢记在心中：正确地分析能使人立于不败之地，因此学会分析、善于分析、敢于分析，养成分析问题的好习惯，才能以最快的速度接近成功，实现预定的目标。

每日“五个一”工程

- ☐ 陪伴“神兽”朗诵一首诗
- ☐ 陪伴“神兽”画一幅画
- ☐ 陪伴“神兽”户外运动
- ☐ 陪伴“神兽”看《新闻联播》
- ☐ 陪伴“神兽”自然聊天儿

亲子作业

“神兽”，你会科学分析问题吗？是（　　）否（　　）

请“神兽”回忆出自己分析问题的一件事。

____

宝爸与“神兽”感悟到了什么呢？

A.____

B.____

群公告五
用良好的性格影响“神兽”

01
乐观的话题

群员——宝爸 25 紧急求救

“神兽”回家如同冰窖一样寒冷

宝爸 25

我家的“神兽”爱使小性子，动不动就生气，总是板着面孔，脸上几乎没有笑容，家里死气沉沉的。

一天，班里选中队长，“神兽”落选了，非常郁闷，躲在角落里，哭了好长时间，甚至对生活失去了信心。

老师急忙找我家“神兽”谈心，讲了许多道理。

“神兽”恍然大悟，明白了人生的意义，心情好多了，最后说出了家里的秘密，把我给“出卖”了。

神兽说：“我爸身体不好，每天闷闷不乐，没有一丝笑容。只要我爸进家门，我就全身紧张，家里对我来说，没有温暖感、没有安全感，有时感觉家里就是一个巨大的冰窖，冷冷的、冰冰的，我觉得生活没有任何意义，看什么都是黑暗的。”

老师感到问题的严重性，主动与我交流沟通，指出我的问题所在。

我认识到问题的严重性，听了老师的意见，立刻改变了人生的态度，在家里努力营造一个快乐的氛围。此后，我发现我们家的“神兽”也有了笑容。可见，爸爸的言行与心理状态对“神兽”的影响非常大。

群主——博士李操心

“神兽”每天闷闷不乐，对生活失去了信心，看不到希望，究其原因，与宝爸以往的言行有直接的关系，由此得出结论：宝爸的言行对“神兽”造成的影响不可忽视。宝爸们需要认真反思，不可掉以轻心。

副群主——心理专家王细心

王细心总结出一些宝爸眼里“神兽”的问题：

“神兽”自己住在 20 平方米的房子里，家具、书、电脑应有尽有，还是不快乐。

“神兽”学习成绩年级前 30 名，可是由于平时的不擅于交际，患上了严重的抑郁，不得不休学调养。

“神兽”在高档的私立学校读书，竟然说是在受罪。

“神兽”得到的太多了、太容易了，可是依旧闷闷不乐。

“神兽”遇到不顺心的事，就一脸的愁容。

“神兽”被全家人“爱”着，可是经常说生活没有意思、苦恼。

群军师——哲学家张辩证

张辩证总结出一些“神兽”眼里宝爸的问题：

我爸总是阴沉着脸，平日里没有一丝笑容。

我爸总说自己命苦，没有人理解他。

我爸经常一个人抽闷烟。

我爸天天喝闷酒。

我爸经常半夜独自发呆。

群参谋——体育教练徐健身

徐健身通过与神兽交谈，了解到一些“神兽”的心声：

有什么好乐的呢？也不让玩，天天被督促学习。

学习枯燥乏味，乐不起来。

被同学们歧视，烦透了，乐不起来。

考试成绩差，被人瞧不起，低人一头。

脑子里知识储备少，不会快乐，没有抓到快乐的方法。

我希望爸爸是个乐观的人。

群员——宝爸25问：如何寻找根源呢？
请各位爸爸指教。

群监督——艺术家赵广泛

宝爸溺爱过度，不仅不舍得对“神兽”进行吃苦、挫折教育，也忽视了对“神兽”的心理疏导。

宝爸没有以身作则，没有当好表率，负面的言行多，让“神兽”心中埋下了阴影。

宝爸忽视了对“神兽”的“乐观”教育，也不会对“神兽”进行“乐观”教育。

宝爸发现“神兽”不乐观，视而不见，任其发展。

宝爸不愿意陪伴“神兽”，也没有耐心陪伴“神兽”，不带“神兽”户外活动。

群主——博士李操心

“神兽”缺乏生活体验，往往不知天高地厚。

“神兽”不理解父母的难处，索取太多。

“神兽”一直生活在优越的环境中，平时遇到的问题比较少，心理承受能力差，没有磨炼意志的经历，也不愿意吃苦。

“神兽”不爱学习，不知道什么是快乐？为什么要快乐？快乐的方法有哪些？

“神兽”玩游戏太着迷，完全生活在虚拟世界里，已经远离了真实的快乐。

群员——宝爸 25 问：请各位爸爸支招，提供解决问题的办法。

副群主——心理专家王细心

通过事例，告诉“神兽”生活中不要自己与自己过不去，因为你的苦、你的烦、你的累、你的郁闷，没有谁能真正帮助你解决问题，最终还要靠你自己解决，如果你陷入苦恼之中不能自拔，受伤害的只有你自己。

带“神兽”体验生活、感悟生活，引领“神兽”乐观向上，以苦为乐，以苦为荣。无论在什么情况下，都不灰心丧气，不悲观、不动摇、不气馁、不退缩，能坚持到底，始终保持饱满的热情和朝气蓬勃的精神风貌。

让“神兽”知道，人的成长过程，是一个不断战胜困难与挫折的过程，乐观的人生态度十分重要。平时要多想愉快的事、多想愉快的人，多回忆美好的过去，心情就会轻松，就会感到生活是美好的，同时也会感到身边的人的友善，就会受到快乐的感染。

通过游戏、模拟情景剧，或参观学习的方式，引导“神兽”确立自己的人生目标，寻找健康而有意义的快乐。人生没有前进的目标，就会觉得很无聊、很郁闷，甚至会失去生活的意义。所以，要给自己设定一个能实现的目标，就会对自己有信心，就会有动力与方向。

给“神兽”讲故事，通过故事人物感染“神兽”，让“神兽”明白人活着，快乐或不快乐都是一种体验，当一个人以乐观的态度生活时，就不觉得累、不觉得烦、不觉得苦、不觉得孤独，这种积极的人生态度正是人们需要的，也是应该具备的，一定要设法保持下去。

群军师——哲学家张辩证

引导“神兽”多读名人传记。引领“神兽”认真读好书，多读伟人、名人的成长故事，了解他们的思想以及他们的奋斗历程，反思自我，深刻了解人生的奥秘，感悟生活。

通过讲家史、家规与家训，告诉“神兽”亲人对他的关怀。亲人关心自己、爱护自己，对自己充满期望，这是无形的动力，是向上的力量，要把这种关怀转化为积极的因素，使自己乐观起来。

通过家史导图，寻找祖先的足迹，告诉“神兽”对自己负责、对亲人负责、对社会负责，才能“笑对人生”，这是最好的人生态度。

学习儿童心理学知识，给“神兽”正确的引导，及时抚慰“神兽”受伤的心灵，让“神兽”重新振作起来。懂得任重而道远的道理，给“神兽”以恢复信心的动力，告诉“神兽”人总要有一点儿精神，困难是学习与生活的试金石，摔倒了，爬起来就是英雄，要善于发现乐观的重要性。

教育“神兽”明白一个道理，遇到问题，做最坏的准备和打算，朝积极的方向努力。只要努力了，结果就不会太坏。

发现“神兽”不乐观时，应该因势利导，帮助“神兽”解决心理危机。给“神兽”讲清楚，世上没有常胜将军，遇到失败，要靠自己去面对、去解决，乐观才是最关键的。

群参谋——体育教练徐健身

经常把“神兽”婴儿、幼儿、童年的照片拿出来给“神兽”看，让“神兽”寻找亲情、友情，在照片里、回忆中找出属于自己的快乐，保持乐观的人生态度。

注重口号的作用，在家里的明显位置贴上一些关于乐观的标语，让“神兽”每天都能看见、都能思考，悟出乐观的重要性，日积月累，就会养成乐观的好习惯了。

如：乐观是一种态度！

乐观才能看到希望！

做一个乐观的自己！

群公告

牢记在心中：人要胸怀壮志，树立远大的理想，必然会精神振奋，百折不挠，生命不息，前进不止。记住：办法总比困难多。

每日“五个一”工程

- ☐ 陪伴“神兽”朗诵一首诗
- ☐ 陪伴“神兽”画一幅画
- ☐ 陪伴“神兽”户外运动
- ☐ 陪伴“神兽”看《新闻联播》
- ☐ 陪伴“神兽”自然聊天儿

亲子作业

“神兽”，你乐观吗？是（　　）否（　　）

请“神兽”回忆出自己乐观的一件事。

____

宝爸与“神兽”感悟到了什么呢？

A.______________________________

B.______________________________

02
幽默的话题

群员——宝爸 26 紧急求救

“神兽”受到老师表扬了

宝爸 26

课间休息，乒乓球案子前，两个男生因为抢位置，互不相让，拉开架势，准备动手打架了。围在一旁的同学们很是担忧，不知道怎么劝解，急得高声大喊：“算了、算了，各退一步。”

两位同学根本听不进去，谁也不让步，眼看着就要爆发“战争”了。

我家的“神兽”看在眼里，急在心中，稍加思索，快速冲到两个男生中间，大喊一声：“我是国际拳击裁判，暂停 1 分钟。你们没有戴拳击手套、护头器具，各自回去准备。”

同学们听了“神兽”的幽默话，立刻哈哈大笑起来，紧张的气氛缓解了，各自散去了。

老师知道此事后，当着全班同学的面表扬“神兽”机智灵活，用天生的幽默语言避免了同学打架。

“神兽”微笑着说：“不是天生的，我的幽默是从爸爸那里学来的。我爸平时非常幽默，总能逗得大家笑口常开，化解各种矛盾。我爸是幽默大师，潜移默化，我也出徒了。”

老师和同学听完，向“神兽”投去羡慕的目光。集体鼓掌，对“神兽”有这样幽默的好爸爸表示赞誉。

由此可见，宝爸的幽默对“神兽”的处事风格会产生极大的影响。

群主——博士李操心

危急时刻，“神兽”能用幽默的方式劝解同学打架的问题，受到老师的表扬，确实聪明。究其原因，与宝爸平时幽默的言行有直接的关系，由此得出结论——宝爸的言行对“神兽”的影响不可忽视，宝爸们要认真思考。

副群主——心理专家王细心

王细心总结出一些宝爸眼里“神兽”的问题：

“神兽”不幽默，是个直筒子。

“神兽”不爱学习，脑子里的知识储备少，理解能力差，认识不到“幽默”二字的含义。

“神兽”认为幽默就是哗众取宠，不愿意幽默。

“神兽”不懂得调和气氛，有时还破坏气氛。

“神兽”对语言的理解能力差，不愿意学语言技巧，很多时候不会好好说话。

“神兽”与同学经常因说话发生矛盾，原因是不幽默。

“神兽”认为幽默是多余的，有什么用呢？

群军师——哲学家张辩证

张辩证总结出一些“神兽”眼里宝爸的问题：

我爸一点儿都不幽默，总是严肃认真的表情。

我爸没有教我如何幽默。

我爸从来没有告诉我为什么要幽默。

我爸耿直，说话又狠又臭。

我爸从来不服软。

我爸不爱学习，不知道幽默是什么，也不会幽默。

群参谋——体育教练徐健身

徐健身通过与神兽交谈，了解到一些“神兽”的心声：

幽默就是逗人傻乐吗？

幽默太滑稽了，真没有意思。

我说话笨，不会拐弯抹角，不知道怎么幽默表达。

幽默其实就是搞笑，很俗气，所以不想幽默。

做人还是严肃、正统一点儿好。

想幽默，可是没有人告诉我如何幽默呀？

群员——宝爸26问：如何寻找根源呢？请各位爸爸指教。

群监督——艺术家赵广泛

宝爸自己很严肃，没有起到表率作用。

宝爸没有给“神兽”营造一个幽默的家庭氛围。

宝爸不知道轻松、幽默，每天心情很紧张，说话办事死板、苛刻，长久下去必然会对孩子有负面影响。

宝爸不爱学习，没有教育“神兽”幽默的技巧。

群主——博士李操心

“神兽”对幽默有偏见，认为幽默的人都是“小丑”。

“神兽”不爱学习，没有认识到幽默的内涵。

“神兽”贪玩、任性，根本不注意培养幽默的情趣。

“神兽”不知道幽默的作用，认为是多余的。

“神兽”被溺爱久了，说话办事总以自我为中心，不在乎别人的感受。

群员——宝爸26问：请各位爸爸支招，提供解决问题的办法。

副群主——心理专家王细心

通过游戏的方式，让“神兽”感受到，幽默不仅仅是一种感情、言语的表达方式，更是一个人的个性、兴趣、才智、意志、修养、智慧等各方面的综合体现。

不厌其烦地讲故事，让“神兽”知道，幽默的人往往思路敏捷、反应迅速，能在各种环境中从容不迫，善于应对，游刃有余。越是学习好、看书多、有知识、有涵养的人，越是幽默的人。

告诉“神兽”，培养幽默的情商是快乐的事情，幽默是生活的润滑剂、调味剂，是驱除郁闷的催化剂，是一个人良好修养的具体表现。

告诉“神兽”幽默是一门艺术、是一门学问，运用好了，能给人以意外的惊喜，对个人的成长、家庭的幸福、事业的成功极其重要。

群军师——哲学家张辩证

告诉“神兽”，幽默是一种秘密武器，在重要时刻能逢凶化吉，转危为安，给人以亲和感，会取得意想不到的效果。

告诉“神兽”，幽默会在特定的情况下，会发挥出巨大的威力。一个幽默的人，不仅自己乐观、自信，还能让大家快乐。尤其在激烈的环境中，幽默隐含的作用无法用语言表述。

告诉“神兽”，在生活中学会幽默，平时多读书、多积累、多观察思考，学会运用语言的技巧，逐渐就会变得风趣起来。

鼓励“神兽”、相信“神兽”，“神兽”开始幽默可能是羞涩、可能是言语生硬，也可能有哗众取宠的成分，千万不要讽刺挖苦“神兽”，要适时地引导“神兽”、鼓励“神兽”，让“神兽”充分发挥语言的想象力与创造力。

给“神兽”当好榜样，宝爸要以身作则，给家庭创造一个幽默的环境，与“神兽”平等交流，不能总是对“神兽”板着冷面孔，让“神兽”对你产生畏惧，无形中把幽默“吓”跑了。

群参谋——体育教练徐健身

经常带“神兽”去电影院去看幽默电影，去相声剧场听相声，让“神兽”从中学习语言、幽默的技巧。

注重口号的作用，在家里贴一些关于幽默的提示语，让“神兽”每天都能看见，悟出幽默的重要性，从而让幽默伴随我成长！

如：幽默需要学习！

幽默是我的朋友！

我是一个幽默的人！

幽默能化险为夷！

群公告

牢记在心中：幽默是一种特殊“武器”，其神奇的作用无法用常理来解释，关键时刻能有意想不到的效果。要努力培养自己的幽默意识，使自己成为一个乐观、情趣十足的人。

每日“五个一”工程

- □ 陪伴“神兽”朗诵一首诗
- □ 陪伴“神兽”画一幅画
- □ 陪伴“神兽”户外运动
- □ 陪伴“神兽”看《新闻联播》
- □ 陪伴“神兽”自然聊天

亲子作业

“神兽”，你幽默吗？是（　　）否（　　）

请“神兽”回忆出自己幽默的一件事。

____

宝爸与“神兽”感悟到了什么呢？

A.______________________________

B.______________________________

03
沟通的话题

群员——宝爸 27 紧急求救

“神兽”委屈地哭了

宝爸 27

前几天，我家的“神兽”在交流写作文经验时，与同学们的观点不一致，和同学大吵起来。为了说服同学们，她把我是教授的头衔“搬”了出来，还说同学们和他们的父母都没有文化，没有资格讨论与交流，气的同学们再也不理睬他了。

从此以后，他感到很孤独，又不知道该怎么办。老师知道情况后，客观地批评了“神兽”不会说话、不善于沟通，犯了众怒，要尽快改变。

“神兽”哭了，委屈地说：“我爸学问大，读书、讲学很严肃、认真，平时语言少，不怎么与人沟通。学生们也很尊重他，有的学生还怕他，为什么呢？”

老师微微一笑，认真地说：“你爸是教授，有真才实学，话虽然不多，但是尊重人，也值得学生们尊重。你不尊重同学，盛气凌人，同学当然不愿意与你沟通交流了。”

“神兽”似乎明白了一点点，请求老师支招。老师耐心地给“神兽”出主意、支了许多妙招，最终“神兽”找到了与同学化解矛盾的办法。

通过这件事，我家“神兽”明白了与同学沟通交流要平等、尊重、真诚、谦虚的道理，主动向同学们道歉，得到了同学们的谅解。“神兽”再与同学沟通交流问题时，非常注意说话的语气，同学们也愿意与“神兽”沟通交流了。

由此可见，宝爸的言行、一举一动都瞒不过“神兽”的眼睛。

群主——博士李操心

“神兽”盛气凌人，伤害了同学的感情，失去了同学的友情。改正以后，得到了同学的理解，明白了沟通的技巧，非常重要。究其原因，与宝爸平时的表现有关系，由此得出结论，宝爸平时的言行不可忽视，需要宝爸们认真思考。

副群主——心理专家王细心

王细心总结出一些宝爸眼里“神兽”的问题：

“神兽”不明白沟通也需要技巧。
“神兽”不知道沟通的重要性，总与别人不欢而散。
“神兽”任性自私，没有主动沟通的意识。
“神兽”不知道如何沟通，也不愿意沟通。
“神兽”玩心大，不学习沟通的知识。
“神兽”与同学沟通交流没有几句话，因为意见不一致，闹僵了。
“神兽”与同学沟通时，盛气凌人，把同学吓跑了。
“神兽”带着偏见与同学交流与沟通，双方闹得不欢而散。
“神兽”不与爸爸说话，只与妈妈说话。
“神兽”对爸爸很仇恨，骨子里瞧不起爸爸。

群军师——哲学家张辩证

张辩证总结出一些“神兽”眼里宝爸的问题：

我爸平时沉默寡言。
我爸没有教我如何与人沟通。
我爸看见我就烦，总是讽刺挖苦我。
我爸不与我好好说话，不是骂就是批评。
我爸大老粗，不爱学习，没有什么好沟通的。
我爸不带我出去玩，不会在玩中与我沟通。

群参谋——体育教练徐健身

徐健身通过与神兽交谈，了解到一些“神兽”的心声：

为什么要沟通呢？

不会沟通也没有什么。

沟通不就是说话吗？不难。

沟通就是“低头”让着人，我不想“低头”。

我不想把心里话告诉人，担心人家“笑话”我。

群员——宝爸27问：如何寻找根源呢？

请各位爸爸指教。

群监督——艺术家赵广泛

宝爸借口忙工作，不重视、不主动和“神兽”沟通，“神兽”缺少陪伴。

宝爸不懂儿童心理学，认为“神兽”年龄小，不爱说话、不会沟通、不善于交流，长大就好了。

宝爸自己没有做好，不善于与人沟通，给“神兽”的负面影响大。

宝爸对“神兽”简单粗暴，导致“神兽”长期压抑，时间长了出现性格孤僻、待人冷漠，甚至出现自卑、胆怯的心理等。

宝爸过度保护“神兽”，没有给“神兽”创造沟通机会。

宝爸不善于与“神兽”一起快乐地玩儿，不能在玩儿中与“神兽”建立密切的亲子关系，导致感情越来越远，甚至无话可说。

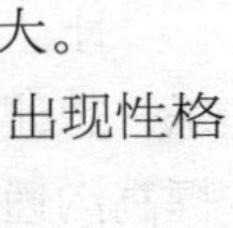

群主——博士李操心

“神兽”不爱学习，肚子里“墨水”少得可怜，对沟通认识比较简单，没有把沟通放在生存的高度上来看待，没有足够重视，对沟通显得很陌生。

“神兽”任性，唯我独尊，不会与人沟通，与同学发生矛盾时，不能吃亏，不会自己沟通解决。

“神兽”受宝爸的溺爱，性格暴躁，遇到不满意的事就急躁、发火，要表达的意思说不清楚，出现僵化与尴尬的局面。

“神兽”不但没有从爸爸身上学到沟通技巧，反而学到了“倔强”“固执”的处事风格。

群员——宝爸 27 问：请各位爸爸支招，提供解决问题的办法。

副群主——心理专家王细心

告诉“神兽”，务必要主动学习，增加知识储备，肚子里有“知识”，才能灵活运用。

以身作则，言传身教，帮助“神兽”做一个会沟通、善于沟通的人。

有意识地引导“神兽”，教育“神兽”，让“神兽”养成沟通的好习惯，明白沟通的重要意义。

想方设法让“神兽”学会与不同人沟通的方法、技巧，明白通过有效沟通，能消除误会，疏解郁闷，解决矛盾，心情舒畅。

告诉“神兽”，只有通过有效沟通才能真正了解别人，向别人学习，重新认识自己。

让“神兽”知道人与人之间的交流与沟通会伴随一生，如果想让自己快乐，想让自己的理想实现，想得到同学的帮助、信任、支持与友谊，就要把提高沟通能力放在首位，真正掌握与老师、同学交流与沟通的本领。

群军师——哲学家张辩证

想方设法，通过实例，指导“神兽”掌握与同学沟通的五个技巧。

技巧之一：要平等。同学之间没有贫贱与贵富之分，都是平等的关系，这种纯洁的关系特别难得，要倍加珍惜。与同学交流与沟通时，不应该有任何歧视，只针对事，不针对人。更不要把个人的感情加进去，以免导致不愉快。

技巧之二：要尊重。尊重是保证顺利交流与沟通的基础，没有尊重就没有真正意义上的交流与沟通，所以要从心里尊重同学、理解同学，才能得到同学的尊重与理解，才能交流与讨论出实质性的问题来。

技巧之三：要谦虚。既然是交流与沟通，就会有不同的观点、意见和认识，就有对有错，要虚心听取同学们的意见，不要总认为自己是对的，强词夺理最伤同学。

技巧之四：要真诚。无论怎么交流与沟通，真诚是最重要的，如果撒谎、不诚实、隐瞒真相、张冠李戴，就没有任何的讨论与交流的意义了。

技巧之五：要文明。讨论与交流时，会发生激烈的辩论，辩论是好事，辩论才能学到真理，得到锻炼。要学会克制，控制情绪，不能使用脏话，更不能动手。

通过真诚的交流与沟通，才能把同学之间的距离缩短，让心与心联系在一起，让友谊更加纯真。

群监督——艺术家赵广泛

指导“神兽”学会站在对方的角度理解别人，考虑问题，加深和增进相互的感情，从而逐步提高与人沟通的能力，好好做人，踏实学习，认真做事。

让“神兽”明白沟通伴随着人的成长，人如果想让自己的理想实现，想得到更多人的帮助，就要把沟通能力放在首位。

引导“神兽”学习沟通知识，让“神兽”知道沟通既有内容上的区别，也有形式上的不同。

其一，就内容来讲。既有信息方面的沟通，即互通情况；也有认知方面的沟通，即互相交流思想、交换意见；还有情感方面的沟通，即互相关怀、问候、支持和帮助等。

其二，就形式而言。有上级和下级的沟通；有正式和非正式的沟通；有语言沟通和非语言的沟通。

让“神兽”明白沟通能使有效的资源最大化，能使人们的思想统一在一起；沟通能化解误会，增进友谊，让人心胸坦荡，使生活更加灿烂多彩。有时候，沟通不一定是语言上的沟通，关键时刻一个动作、一个表情、一个手势、一个暗号，都是最好的沟通。

群参谋——体育教练徐健身

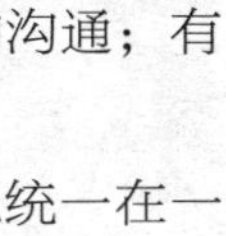

告诫“神兽”沟通时，倘若你能够真诚坦白、推心置腹与人交心，那么初次相逢的人就会有一见如故的感觉；过去交往不深的人，就会成为知己；曾经有隔阂、一时敌视的人，也会成为好友。倘若离

开真诚，虚情假意，逢人“只说三句话”，不愿“全抛一片心”，那就无法获得心灵的了解，没有了解也就谈不上友情了。这都是通过沟通了解得到的结果。因此，谁掌握了沟通艺术，谁就能赢得生活的主动权。

主动陪伴，经常带“神兽”去户外活动，打篮球、踢足球、打乒乓球、打羽毛球、跳绳、游泳，观察植物、昆虫、鸟等，让“神兽”走进大自然，从生活中学到沟通的艺术。

注重口号的作用，在家里的明显位置贴一些关于沟通的提示语，让“神兽”每天都能看见，悟出沟通的重要性。乐观生活，快乐学习，日积月累，就会养成沟通的好习惯了。

如：沟通无敌！

有话好好说！

沟通需要学习！

沟通需要主动！

沟通需要真诚！

群公告

牢记在心中：沟通改变一个人的命运，能使复杂的问题简单化，能及时消除误会，赢得友谊，最大限度地减少前进的障碍。沟通是人生的必修课，一定要学好，结合自己的特点运用好。具备了沟通的能力，你便无所不成。

每日“五个一”工程

- □ 陪伴“神兽”朗诵一首诗
- □ 陪伴“神兽”画一幅画
- □ 陪伴“神兽”户外运动
- □ 陪伴“神兽”看《新闻联播》
- □ 陪伴“神兽”自然聊天儿

亲子作业

“神兽”，你会沟通吗？是（　　）否（　　）

请“神兽”回忆出自己沟通的一件事。

____

宝爸与“神兽”感悟到了什么呢？

A.____

B.____

04
沉稳的话题

群员——宝爸 28 紧急求救

“神兽”住院了

宝爸 28

我家的“神兽”长得又高又壮，个头儿 1.8 米，比我还高。暑假的一天，“神兽”与妈妈外出买东西，在一棵树下发现了“一条蛇”，大喊一声“蛇”，扭头就跑，不小心被迎面而来的快递车撞倒在地，伤得不轻，需要住院治疗。

胆子大的路人走到树前仔细查看，发现是一条粗绳子，哈哈大笑起来，嘱咐“神兽”以后别这么毛糙，看清楚了再跑。

“神兽”摸着撞伤的部位，痛苦地说：“前几天，我爸带我去郊区玩，在草地里看见一条蛇皮，拉着我狂奔数十米，不慎摔倒在路边的水坑里，全身都是泥。路边的老乡说蛇皮是药材，没有什么可怕的。”

“神兽”的话听着可笑，可是能说明一个道理，宝爸的言行就是无形的“老师”，对“神兽”的影响很大。

群主——博士李操心

“神兽”遇到粗绳子吓得猛跑，被车撞伤，需要住院治疗，令人惋惜。究其原因，与宝爸的以往的表现有关系，由此得出结论，宝爸的言行不可忽视，需要宝爸们认真反思。

副群主——心理专家王细心

王细心总结出一些宝爸眼里“神兽”的问题：

“神兽”不稳当，毛毛糙糙的，怎么办呢？
“神兽”遇事沉不住气，急躁的厉害，经常乱“点火放炮”。
“神兽”遇事压不住火气，非要与人家理论、打架。
“神兽”好像屁股上长了钉子，根本坐不住。
“神兽”不爱思考问题，不爱学习，没有知识储备，办事没有谱。
“神兽”没有样，连跑带颠儿，慌慌张张的。
“神兽”自控能力差，是性子问题吗？

群军师——哲学家张辩证

张辩证总结出一些“神兽”眼里宝爸的问题：

我爸性子急，遇事经常乱了方寸。
我爸爱骂人、爱打架、爱争论，不能好好地与别人说事。
我爸脾气大，不知道三思而后行。
我爸不爱学习、不爱思考问题，沉不住气。
我爸没有告诉我沉稳的重要性。
我爸没有耐心仔细告诉我怎么才能沉稳。
我爸不带我外出体验生活。

群参谋——体育教练徐健身

徐健身通过与神兽交谈，了解到一些“神兽”的心声：

遇到什么是什么，顺其自然，考虑什么呀？
遇到突发的情况，沉稳不下来。
受到欺负了，立刻就火冒三丈了。
嘴快，留不住话。
老谋深算，这是耍心眼儿。
沉稳是大人的事，长大了自然就沉稳了。

群员——宝爸 28 问：如何寻找根源呢？
请各位爸爸指教。

群监督——艺术家赵广泛

宝爸没有起到好榜样，遇事自己不能沉稳，给“神兽”留下了阴影。

宝爸没有告诉“神兽”沉稳的方法，致使“神兽”对“沉稳”二字很陌生。

宝爸不懂教育，发现“神兽”不沉稳的问题后，对“神兽”无端指责，让“神兽”很无奈。

宝爸不给“神兽”锻炼的机会，不善于给“神兽”讲解沉稳的必要性，没有给“神兽”实战演练的机会。

群主——博士李操心

“神兽”对沉稳认识不足，认为是可有可无的事。

“神兽”不明白为什么要沉稳，也不知道怎么沉稳。

“神兽”没有在这方面吃过苦头，所以在行为上、语言上不能规范自己、约束自己。

“神兽”被家人溺爱严重，遇事急躁、发火成了习惯。

群员——宝爸 28 问：请各位爸爸支招，
提供解决问题的办法。

副群主——心理专家王细心

告诉“神兽”，沉稳需要学习、磨炼，要多教育引导“神兽”办事沉稳，主动带“神兽”走进社会，观察社会万象，经常给“神兽”讲这方面的故事，让“神兽”在故事里学到沉稳，明白沉稳的重要性。

宝爸要经常与“神兽”一起读书，在书中找到“沉稳”的答案，同时有针对性地训练“神兽”，面对不同的情况、不同的人与事，把握讲话的时机、内容、语气，特别是注意把握好分寸。

宝爸要告诉“神兽”沉稳对学习与生活有着重要的意义，要大胆地、不断地磨炼自己的意志，逐渐达到遇事不急、不慌、不乱、不烦、不焦，在理智的前提下寻找出最佳的对策。

群军师——哲学家张辩证

宝爸要通过实例，让“神兽”知道，沉稳的人一般是爱读书、爱思考问题、善于总结的人，也是办事有主见的人，更是顾全大局、有毅力之人。

宝爸要让“神兽”知道，沉稳的人能使周围的人感到安全，给身边的人以力量，比急躁的人容易创造和谐的环境、团结的氛围；沉稳对人的成长进步十分有益，能使人赢得更多的机会。

宝爸要以恰当、安全的方式给“神兽”做演示，让“神兽”知道沉稳不是说出来的，是靠平时养成的。

宝爸要让“神兽”知道，一个人无论将来想干什么，都应该从现在开始磨炼自己的性子，逐渐使自己变得沉稳。在讲话前要三思，在行动前要考虑后果；在遇到危险时，要冷静、理智；特别是在突发事件面前，更要稳重，不能慌乱。

群参谋——体育教练徐健身

注重口号的作用，在家里的明显位置贴一些关于沉稳的提示语，让“神兽”每天都能看见、都能思考，都能悟出沉稳的重要性。乐观生活，快乐学习，日积月累，就会养成遇事沉稳的好习惯。

如：沉稳是一种素质！

沉稳能化险为夷！

沉稳能使人清醒！

沉稳是一种能力！

群公告

牢记在心中：沉稳能成就人干一番大事，沉稳能使人在紧急关头异常地冷静，轻松地走出险境，到达胜利的彼岸。

每日“五个一”工程

- □ 陪伴“神兽”朗诵一首诗
- □ 陪伴“神兽”画一幅画
- □ 陪伴“神兽”户外运动
- □ 陪伴“神兽”看《新闻联播》
- □ 陪伴“神兽”自然聊天儿

亲子作业

“神兽”，你沉稳吗？是（　　）否（　　）

请“神兽”回忆出自己沉稳的一件事。

____

宝爸与“神兽”感悟到了什么呢？

A.______________________________

B.______________________________

05
竞争的话题

群员——宝爸 29 紧急求救

“神兽”不参加比赛

宝爸 29

新学期，班里组织演讲比赛，我家的“神兽”没有参加；学校组织艺术比赛，“神兽”也没有参加；年级组织读书比赛，“神兽”还是不参加。

老师问他为什么不参加？“神兽”说：“不想竞争，差不多就行了，随大流吧，这是我爸经常说的话。”

老师发现问题后，主动与我联系，提出了鼓励“神兽”竞争的三点建议。

我如梦方醒，恍然大悟，虚心接受了批评，改变了态度，鼓励“神兽”参与集体活动，大胆竞争。慢慢地，“神兽”有了改变，得到了师生的认可。

由此可见，宝爸的言行对“神兽”会产生无形的影响，值得思考。

群主——博士李操心

开学了，“神兽”不爱参加学校的各种比赛，经过老师的提醒、引导，宝爸改变了想法，最终“神兽”也改变了想法，赢得了同学的尊敬。分析“神兽”前后的变化，与宝爸的以往的言传身教有关系，由此得出结论——宝爸的言传身教不可忽视。

副群主——心理专家王细心

王细心总结出一些宝爸眼里“神兽”的问题：

“神兽”没有一点儿竞争意识。
“神兽”没有危机感，对竞争没有兴趣。
“神兽”没有勇气，总是不敢与人家竞争。
“神兽”看到同学好了，只知道嫉妒，没有公平竞争的行动。
“神兽”即便是落后了，也不着急，也不知道是怎么想的。
“神兽”没有过高的理想，不愿意下苦功夫，安于现状。
“神兽”将来能立业吗？
“神兽”不知道将来的社会是竞争的社会吗？
“神兽”难道甘愿落后吗？

群军师——哲学家张辩证

张辩证总结出一些“神兽”眼里宝爸的问题：

我爸没有上进心，属于落后分子。
我爸经常说差不多就行了，争什么呀？
我爸的观点是谁爱当第一就谁当，我可不想出头。
我爸从来没有鼓励我竞争，也没有告诉我为什么竞争。
我爸不爱学习，思想保守。

群参谋——体育教练徐健身

徐健身通过与神兽交谈，了解到一些“神兽”的心声：

我喜欢顺其自然，竞争没有意思。
竞争就要付出辛苦，我不想受累。
竞争是个人主义，我不喜欢。
人与人和平相处的好，竞争容易伤感情。
爸爸庇护我，我不需要竞争。
我们家有钱，竞争干吗呀？
我希望爸爸是敢于竞争、善于竞争的人。

群员——宝爸 29 问：如何寻找根源呢？
请各位爸爸指教。

群监督——艺术家赵广泛

宝爸没有正面教育“神兽”竞争，致使“神兽”对竞争很陌生。

宝爸没有起到好榜样，给“神兽”留下了负面的阴影。

宝爸溺爱“神兽”，不给“神兽”竞争的机会。

宝爸不爱读书学习，对竞争有误解，所以也不鼓励“神兽”参与竞争。

群主——博士李操心

“神兽”受家长的庇护太多，没有亲身体会到竞争带来的喜悦，更没有体会过由于竞争的胜利带来的成就感，所以对竞争没有兴趣。

“神兽”对未来社会的发展没有引起足够的认识，也没有危机感，视野不开阔，没有梦想，缺少远大的理想与抱负，所以安于现状，

“神兽”担心竞争就要付出，不愿意吃苦。

“神兽”对竞争有片面的认识，总把竞争当成不光彩的事，产生抵触、厌烦的心理。

“神兽”贪玩，随心所欲，根本就不会竞争。

“神兽”胆子小，不敢竞争。

群员——宝爸 29 问：请各位爸爸支招，
提供解决问题的办法。

副群主——心理专家王细心

要经常鼓励“神兽”参与竞争，明确告诉“神兽”竞争是适应未来社会的最起码的素质之一，要敢于竞争、主动竞争、科学竞争、健康积极地竞争、光明磊落的竞争，让自己的思想活跃起来。

要让“神兽”知道积极健康的竞争能使人树立远大的目标，产生紧迫感，激发出人体内在的源动力，令人意志坚定，锲而不舍。竞争是现代社会的大潮流，只有竞争才能消除平庸，使人才脱颖而出，提高学习成绩，驱除不思进取的思想与行为。竞争能使人知耻而后勇，振奋精神，创造出超一流的学习成绩来，才能始终立于不败之地。

群军师——哲学家张辩证

给“神兽”创造竞争的机会，让“神兽”参加各种演讲比赛、体育比赛、科技竞赛、学习竞赛、音乐竞赛、文学创作竞赛、诗歌朗诵比赛等，逐渐培养“神兽”的竞争意识，让“神兽”在竞争中品尝到酸、甜、苦、辣，感受到成功带来的喜悦。

通过讲家史、家训与家规，让“神兽”明白，积极健康的竞争，是应该大力提倡的。关键时刻，绝对不能谦虚，更不能唯唯诺诺，要敢于站出来，与对手进行光明磊落的竞争，要有争第一的思想。一个学生如果没有健康的竞争精神，没有后进变先进的勇气，到头来也只能是平庸一生，怨天尤人，根本体验不到人生的真正意义究竟是什么？人应该有点儿血性，有点儿不服输的精神，才能更好地把握未来。

群参谋——体育教练徐健身

要注重口号的作用，在家里的明显位置贴上一些关于竞争的提示语，让“神兽”每天都能看见、都能思考，都能悟出竞争的重要性。乐观生活，快乐学习，日积月累，就会养成积极竞争、敢于竞争的好习惯。

如：竞争是一种素质！

竞争能增进友谊！

竞争能使人斗志昂扬！

竞争是一种能力！

群公告

牢记在心中：有竞争才有激情，才能真正把自己的内在潜能发挥出来，才能使人不断创新、不断改变自己、不断给自己激励，刻苦学习，完善自己，提高自己，直至达到预定的目标。

每日“五个一”工程

- □ 陪伴“神兽”朗诵一首诗
- □ 陪伴“神兽”画一幅画
- □ 陪伴“神兽”户外运动
- □ 陪伴“神兽”看《新闻联播》
- □ 陪伴“神兽”自然聊天儿

亲子作业

“神兽”，你竞争过吗？是（　　）否（　　）

请“神兽”回忆出自己竞争的一件事。

____

宝爸与“神兽”感悟到了什么呢？

A.______________________________

B.______________________________

06
坚韧的话题

群员——宝爸 30 紧急求救

“神兽”得了特等奖

宝爸 30

我家的“神兽”与我一样，都是因为一次车祸，手指受过伤，写字不方便。

前不久“神兽”参加作文比赛时，获得了特等奖。同学们看着“神兽”的作文手稿，字迹工整，非常漂亮。羡慕地问“神兽”是怎么写出来的呢？

“神兽”微笑着说：“我爸与我的手都受过伤，写字十分吃力，我不想吃苦写字了。可是看见爸爸因为车祸伤残的手，照样做饭、洗衣服、上班、做家务。爸爸经常鼓励我说不管遇到任何挫折、任何困难，只要你足够坚韧，就是了不起的‘英雄’。韧劲是进步的灵丹妙药，也是打开成功之路的金钥匙。”

同学们听了“神兽”的话，鼓掌祝贺“神兽”有这样坚韧勇敢的好爸爸。

由此可见，宝爸的坚韧对“神兽”的影响至关重要，有时甚至是终生的。

群主——博士李操心

“神兽”的手受伤了，写字不方便，参加作文比赛获得特等奖，赢得了同学们的尊重。“神兽”获奖的原因，与宝爸以往的

言语有关系，由此得出结论——宝爸平时的言语对“神兽”的影响不可忽视，需要宝爸们认真思考。

副群主——心理专家王细心

王细心总结出一些宝爸眼里“神兽”的问题：

“神兽”受到一点儿打击，就一蹶不振。

“神兽”遇到一点儿危险，就退缩了。

“神兽”犯错误后，灰心丧气。

“神兽”遇到困难，就停滞不前了。

“神兽”玩心大，学习没有常性。

“神兽”享乐型的，吃不了苦，缺乏韧劲。

“神兽”信誓旦旦地说早起床，学英语，可是早上闹钟响了，不起床，继续睡懒觉。

群军师——哲学家张辩证

张辩证总结出一些“神兽”眼里宝爸的问题：

我爸办事总是半途而废。

我爸干事没有常性。

我爸遇到困难就怨天怨地。

我爸没有告诉我坚韧的重要性。

我爸不爱学习，没有给我讲过“坚韧”二字的真实含义。

我爸比较懒，说好了看书学习，转眼就看电视去了。

群参谋——体育教练徐健身

徐健身通过与神兽交谈，了解到一些“神兽”的心声：

遇到挫折，掉头回来，就轻松了。

犯错误了，有什么好心情呀！

困难一个接一个，实在感到很累，只好放弃。

明知前面有“山”，为了省力，绕着走。

谁不想舒服啊，拼命追求干什么呀？

家里有钱，不需要我这么坚韧。

群员——宝爸30问：如何寻找根源呢？
请各位爸爸指教。

群监督——艺术家赵广泛

宝爸不懂教育，没有采取有效的办法对孩子进行坚韧教育。

宝爸过于溺爱“神兽”，没有给“神兽”单独锻炼的机会，致使“神兽”离坚韧越来越远。

宝爸没有给“神兽”做好表率，言语都是负面的，给“神兽”埋下了阴影。

群主——博士李操心

“神兽”不爱学习，没有知识积累，没有意识到坚韧对学习、工作、成长有多么重要，不注重培养自己的坚韧品质。

“神兽”自己宠自己，不能吃一点儿苦，不能独自面对一点儿困难。

“神兽”贪玩，好吃懒做，不爱学习，总是找借口绕过“困难”。

“神兽”受游戏里的人物影响，害怕坚韧。

群员——宝爸30问：请各位爸爸支招，
提供解决问题的办法。

副群主——心理专家王细心

要不厌其烦地告诉“神兽”要树立信心，敢于面对挫折，坚韧不拔，才能实现梦想。坚韧是成功的重要保证，一个人只要具备坚韧的品质，学会坚持，才能实现梦想。很多“神兽”学习的目标很远大，但是半途而废，就是因为没有坚韧的意志品质。

告诉“神兽”坚韧的具体方法，给“神兽”单独锻炼的机会，减少“神兽”的依赖性，教育“神兽”自己解决问题，自己面对挫折，遇事多动脑筋，掌握分析问题的方法。

让“神兽”知道，坚韧与坚持需要毅力，对人是个严峻的考验，要想让“神兽”成才，一定要想方设法地鼓励“神兽”保持韧劲，不断地坚持。

群军师——哲学家张辩证

言传身教，多激励“神兽”，以真情感动“神兽”，让“神兽”在你的身上找到自信，学到应对困难的办法。平时，应主动结合实例，给“神兽”讲成功人士是怎么坚持的，让“神兽”向他们学习，影响“神兽”的思想，使“神兽”自觉地排除各种干扰与诱惑，明白“一分耕耘，一分收获”的道理，起到潜移默化的效果。

给“神兽”讲述坚韧的重要性，给“神兽”讲述英雄人物的成长经历，经常带“神兽”参观英雄人物的展览，使“神兽”从内心敬仰英雄，学习英雄，并产生当英雄的想法，激起“神兽”战胜困难的勇气和信心，明白坚韧的道理。

告诉“神兽”一个最简单的道理，无论你想做什么，将来想往什么方向发展，其实最简单办法就是落实这几个字——坚韧与坚持。

群监督——艺术家赵广泛

要设法增强“神兽”的心理承受能力，逐渐使“神兽”坚韧与坚强起来，经得起各种打击、挫折与失败，知道失败是成功之母。

要想方设法引导“神兽”养成坚持的好习惯，骨子里有一种韧劲，不服输、不怕挫折。只有这样，“神兽”在成长的路上才能如虎添翼。

要告诫“神兽”坚韧与坚持对人是个考验，务必自觉坚持做好，必须自律，不能懈怠。

群参谋——体育教练徐健身

要舍得批评“神兽”，敢于督促“神兽”。督促对于坚韧与坚持很重要，发现“神兽”退缩时，宝爸的督促能帮助“神兽”激发斗志。

根据“神兽”的年龄与学习情况，与“神兽”一起制订合适的前进目标，前进目标不能太高，也不能太低，太高摸不着，容易产生失落感；太低没有激情，合适的目标可以使人保持旺盛的斗志，有利于坚持下去。

为了激励“神兽”，可以让“神兽”把“坚韧”与“坚持”四个字写在写字台上、日记本上，张贴在能够明显看到的地方，能起到很好的激励效果。

如：坚韧是一种素质！

坚韧能使人自信！

坚韧需要学习！

坚韧能使人成熟！

坚韧是一种能力！

群公告

牢记在心中：坚韧的意志品质对于人的一生极其重要，是成功的重要保证，是实现远大理想的航标。所以，要有意识地磨炼自己的意志，在风雨中摔打自己。

每日“五个一”工程

- □ 陪伴“神兽”朗诵一首诗
- □ 陪伴“神兽”画一幅画
- □ 陪伴“神兽”户外运动
- □ 陪伴“神兽”看《新闻联播》
- □ 陪伴“神兽”自然聊天儿

亲子作业

“神兽”，你坚韧吗？是（　　）否（　　）

请“神兽”回忆出自己坚韧的一件事。

____

宝爸与“神兽”感悟到了什么呢？

A.____

B.____

群公告六
用强烈的责任心教化“神兽”

01
孝敬的话题

群员——宝爸31紧急求救

“神兽”妈妈被“120”救护车拉走了

宝爸31

前不久，我家的“神兽”喜欢上了一款“航模飞机”。他的“压岁钱”早就悄悄地花完了，死皮赖脸地找妈妈要钱。

妈妈说没有钱买与学习没有关系的“航模飞机”，“神兽”十分恼怒，竟然骂妈妈“小气鬼”。

气的妈妈一着急，心脏病犯了，摔倒在厨房。“120”救护车到达后，医生及时抢救，才保住了一条命。

老师找“神兽”谈话，批评“神兽”不孝敬妈妈。

“神兽”红着脸，降低声调说：“我错了，以后我改。爸爸总是找奶奶要钱，买烟抽、买酒喝、买新款手机，奶奶不给，爸爸回屋小声嘀咕——奶奶小气。”

老师听完，无言以对，宝爸不孝顺的言行印刻在“神兽”的眼睛里、记在心中，甚至跟着效仿，多么可怕呀！

群主——博士李操心

“神兽”不尊重妈妈，被老师评判，经过教育，认识到了错误，决心改正。分析其主要原因，与宝爸以往的言行有关系，由此得出结论——宝爸的言行不可忽视，需要宝爸们认真反思。

副群主——心理专家王细心

王细心总结出一些宝爸眼里“神兽”的问题：

“神兽”不知家史、家规与家训，不尊重家长，让人失望。
“神兽”与家长说话时没大没小。
“神兽”故意顶撞家长，说粗言与脏话。
“神兽”不理解家长，以自己为中心。
“神兽”贪图享乐，不帮着家长干家务。
“神兽”不知道什么是孝敬、为什么要孝敬。
“神兽”不爱与家长说话，对家长仇视。
“神兽”没有感激之心，不知道感恩。
“神兽”衣来伸手，饭来张口，家长帮着干什么事情都认为是应该的。
“神兽”不知道生活的艰辛，不知道珍惜。
“神兽”随意花钱，不考虑家庭实际情况。

群军师——哲学家张辩证

张辩证总结出一些“神兽”眼里宝爸的问题：

我爸不孝敬我爷爷、奶奶，对爷爷、奶奶说话没有耐心。
我爸没有告诉我什么是孝敬。
我爸不给爷爷、奶奶钱，还总是找爷爷、奶奶要钱。
我爸不帮着爷爷、奶奶干活儿，到爷爷、奶奶家吃现成的。
我爸知道爷爷、奶奶生病了，也不去看望。
我爸没有告诉我家史、家训与家规。

群参谋——体育教练徐健身

徐健身通过与神兽交谈，了解到一些“神兽”的心声：

我年龄小，长大了就会孝敬了。
我也不挣钱，拿什么孝敬呢？
家长生我了，就要养育我、爱护我。
爸爸总是骂我打我，我不愿意理爸爸。
爸爸没有教我怎么孝敬。

家长身强体壮，收入多，不需要孝敬。

我希望爸爸是个孝敬的人。

群员——宝爸 31 问：如何寻找根源呢？
请各位爸爸指教。

群监督——艺术家赵广泛

宝爸在教育“神兽”的问题上，缺乏一个健康的主线，没有把孝敬贯穿进去，没有与“神兽”建立良好的沟通机制，人为地让“神兽”与孝敬脱离，导致“神兽”不知道孝敬是什么。

宝爸对“神兽”大包大揽，不给“神兽”孝敬的机会，使“神兽”成为“孝敬盲”。

宝爸自己不孝顺长辈，在行为上、思想上给“神兽”造成了负面影响。长此下去，在“神兽”的潜意识里就形成了爸爸是强大的，不需要“神兽”孝敬。爸爸怎么做，我就怎么做。

群主——博士李操心

“神兽”玩心大，不明白一个最简单的道理——一个不孝敬的人，能尊重谁呢？怎么赢得别人的信任与尊重呢？

“神兽”不爱学习，不怎么懂事，所以不理解爸爸的难处，不明白生命的意义。脑子里根本不知道孝敬爸爸是天经地义的大事，一辈子也不能忘。

“神兽”被溺爱惯了，以我为中心，眼里只有自己。

“神兽”受爸爸不孝敬的影响，学坏了。

群员——宝爸 31 问：请各位爸爸支招，
提供解决问题的办法。

副群主——心理专家王细心

不厌其烦地教育、引导“神兽”多学习社会上尊老敬老、奉

献爱心的模范人物，鼓励“神兽”多参加一些社会公益活动，引导“神兽”明白生命的意义是什么，明白孝顺的本质。

通过多种形式，如讲家史、家训与家规，让“神兽”知道感恩，知道爸爸对于“神兽”来说意味着什么？孝敬爸爸是天经地义的事，是无条件的。

以身作则，要想让“神兽”孝敬你，当爸爸的就要言传身教，尊敬、孝顺和照顾自己的父母与其他长辈，用实际行动引导、影响、感化“神兽”。

敢于批评“神兽”，发现“神兽”不孝顺后，指出“神兽”的问题，告诉“神兽”问题的严重性，限期改正。

鼓励、引导“神兽”读好书，在书中受到教育，提升自己的思想境界。

群军师——哲学家张辩证

千万不能溺爱“神兽”，让“神兽”参与家庭生活，把家庭收入、开支（生活费、水电费、赡养老人、住房、煤气费、看病、添加的衣服、学费等）一五一十地告诉“神兽”，让“神兽”知道过日子是怎么回事。

要与“神兽”共同成长，经常给“神兽”讲他的成长经历，把“神兽”的满月照片、奖状、生日照、家庭聚会照给“神兽”看，让“神兽”知道自己是怎么来的，家庭与亲情是怎么回事，从内心深处明白孝敬的意义。

要经常给“神兽”灌输孝顺的美德，给“神兽”讲24孝典故，讲历史名人孝顺父母的故事，使“神兽”明白孝顺是做人的根本。

群参谋——体育教练徐健身

注重口号的作用，在家里的明显位置贴上一些关于孝敬的提示语，让“神兽”每天都能看见、都能思考，都能悟出孝敬是做人之本。乐观生活，快乐学习，日积月累，就会形成孝敬的好品质。

如：孝敬是一种素质！

孝敬赢得一切！

孝敬的人让人尊重！

孝敬是必修课！

群公告

牢记在心中：生命是父母给予的，为了让生命健康地延续下去，无条件地孝敬父母，别无选择。孝敬父母不是简单的一句话，而是要付出艰苦的努力。

每日"五个一"工程

- □ 陪伴"神兽"朗诵一首诗
- □ 陪伴"神兽"画一幅画
- □ 陪伴"神兽"户外运动
- □ 陪伴"神兽"看《新闻联播》
- □ 陪伴"神兽"自然聊天儿

亲子作业

"神兽"，你孝敬吗？是（　　）否（　　）

请"神兽"回忆出自己孝敬的一件事。

____

宝爸与"神兽"感悟到了什么呢？

A.______________________________

B.______________________________

02 博学多才的话题

群员——宝爸 32 紧急求救

“神兽”作文全班第一

宝爸 32

再有两个月，期末考试就要到了。语文中作文是必考的，我家的“神兽”就害怕写作文，老师写的评语——写的不生动，知识面窄，没有感染力，太生硬，像流水账，不会观察生活。

“神兽”内心很着急，不知道该怎么办？

一次，语文老师在她的作文评语中写了一句话——广泛读课外书，博学多才，开阔眼界，汲取营养。

以前，“神兽”也想读课外书，可是我担心影响学习，不让“神兽”读课外书，说会分心，会影响学习。

“神兽”拿着老师的评语找我理论，我无言以对，同意“神兽”阅读课外读物。

“神兽”的阅读兴趣被激发出来了，每天利用业余时间，如饥似渴地广泛阅读，涉及面很广，有历史、人物、传记、散文、杂文。两个月的时间，阅读了六十多本课外书，积累了很多素材，写作水平逐渐提高，期末考试作文优秀，全班第一名，受到了老师的表扬。

由此可见，我担心影响“神兽”学习，不让“神兽”广泛阅读课外书反而是制约了“神兽”学习进步。老师建议“神兽”广泛阅读课外书，我被迫同意后，“神兽”进入书的海洋，视野大开，写出的作文有血有肉，成绩迅速提高。

这件事我反思许久，压制“神兽”阅读不可取，必须根据“神兽”的兴趣，科学引导、鼓励“神兽”阅读、学习，才能有事半功倍的效果。

群主——博士李操心

“神兽”的作文成绩突飞猛进，一跃成为全班第一，前后判若两人，分析其主要原因，与宝爸以往的压制改为现在支持阅读课外书有关系，由此得出结论——宝爸的支持最重要，宝爸不要压制孩子的一些健康的爱好，健康的爱好并不会影响孩子的学习。

副群主——心理专家王细心

王细心总结出一些宝爸眼里“神兽”的问题：

“神兽”不知道多学一门知识的重要性。

“神兽”没有压力，不积极主动多学各种知识。

“神兽”玩心大，对学习以外的知识没有兴趣。

“神兽”好像没有长大，多学一点儿东西都要抱怨。

“神兽”懒惰，心思不在学习上。

“神兽”写作文时，绞尽脑汁也想不出好的句子来，导致作文生硬，没有人情味，感染不了人。

“神兽”在学校只能听同学滔滔不绝地讲，自己成了“知识盲”。

“神兽”考试时，遇到其他知识一点儿也不会。

群军师——哲学家张辩证

张辩证总结出一些“神兽”眼里宝爸的问题：

我爸不爱学习，也不主动给我讲课外知识。

我爸什么都不知道。

我爸就知道抽烟、喝酒、打牌、看电视、玩手机游戏、发微信朋友圈。

我爸懒惰，就爱睡觉，不爱读书、不愿意学知识。

我爸动手能力差，家里的物件坏了，不会修理。

我爸不爱买书、不爱学习各种技术，很笨。

群参谋——体育教练徐健身

徐健身通过与神兽交谈，了解到一些“神兽”的心声：

把书本的知识学好了就可以了，干吗要这么累呢？

学习太辛苦了，不想学那么多了。

我将来也不想干什么，学那么多干什么呀？

车到山前必有路，到时候再说了。

学多了也用不上，将来我也不准备从事这方面的工作。

学多了，花钱多，我担心家长为我投入太多。

我的压力很大，不想再分散精力了。

群员——宝爸32问：如何寻找根源呢？请各位爸爸指教。

群监督——艺术家赵广泛

宝爸只是盯着“神兽”学课本知识，只看考试成绩，极力限制“神兽”看课外书，反对“神兽”参加有意义的课外活动，甚至有的宝爸连报纸、画报、《新闻联播》、电影、电视、网络都不让“神兽”看，最终导致“神兽”知识面狭窄、思维局限、应变能力差，跟不上时代要求，输在综合素质上。

宝爸没有认真地告诉“神兽”学习除了要学好必要的基础知识外，还要提倡广泛地学习，通过广泛地阅读，才能开阔眼界，增长见识；才能知天下事，晓天下理；才能使人头脑清醒，客观地看待问题；才能使人思维敏捷，出口成章；才能使人智慧，豁达坦荡。

宝爸不懂教育，不会引导“神兽”，没有从深层次上教育“神兽”，更没有从“神兽”自身情况出发，也不能与“神兽”平等交流，只是一味地阻止“神兽”学课外知识，影响了“神兽”的知识积累。

宝爸自己不爱学习，知识面狭窄，没有给“神兽”当好榜样。

群主——博士李操心

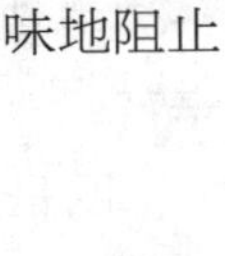

“神兽”玩心大，对社会没有一个完整的认识，没有意识到

社会的竞争现实，所以对学习、对掌握更多的课外知识，不但没有兴趣，有了反感心理，出现了逃避、畏难、放弃、得过且过、顺其自然的现象。

“神兽”没有主动学习的精神，只是完成作业，其他的知识就不想学了。

“神兽”受宝爸的影响，睡懒觉、吃喝玩乐，把学习、读书忘得一干二净。

群员——宝爸 32 问：请各位爸爸支招，提供解决问题的办法。

副群主——心理专家王细心

告诉“神兽”，博学多才对人的好处太大了，会给人带来意外的收获。一个有准备的人，一个有心的人，一个能成大器的人，往往都是博学多才的人。其实，成功与机遇对任何人都是平等的，谁的准备充分，谁的机会就越多。

告诫“神兽”，一定要把时间利用的有价值，不能浪费时光，要有清醒的认识，要把时间与生命联系在一起，抓住一点一滴的时间，多学、多看、多研究问题，使自己具备广博的知识，很好地驾驭自己、驾驭未来，实现美好的梦想。

保持清醒，宝爸是“神兽”的第一任老师，也是一辈子不能下岗的老师。教育“神兽”要用心，既要与“神兽”交朋友，也要起到引导作用。谨记五点：

一是引导“神兽”由被动学习转化为主动学习。

二是引导“神兽”认知：人的成功不是靠关系，也不是靠巧合，而是靠真才实学，没有广博的知识，没有综合的素质，很难赢得未来。

三是让“神兽”知道，博学多才是要付出汗水的，没有谁能轻易地掌握一门或多门技术，要想有所作为，必须付出别人难以付出的时间、体力与辛苦。

四是大胆鼓励“神兽”，激励“神兽”不断坚持、再坚持，不断取得好成绩。

五是让“神兽”记住自律二字。

群军师——哲学家张辩证

想方设法教会“神兽”读书，掌握读书的三个技巧。具体方法：

一是有选择性地读书。现在的书刊非常多，给“神兽”提供了非常多的选择机会。书刊的海洋广阔无边，即使你一生不停地读，也读不完，所以应有选择性地读书、看报。可以把书、报分成几类，如新闻类、健康类、史学类、生活类、励志类。读书、看报时不一定读的那么细，浏览与精读相结合。

二是坚持长久地读书。读书看报有益，但贵在坚持，养成习惯。引导“神兽”逐渐把读书、看报，当成生活中必不可少的一件事。根据自己的身体情况，科学地划分读报与看书的时间，最好每天有固定的读书时间。坚持下去，受益匪浅。为了坚持下去，开始时可以建立考勤簿，认真给自己“签到”，慢慢就养成习惯了。

三是注重内容的吸收与理解。无论读多少书、看多少报，最重要的不是看热闹，而是要真正用心去读。把有用的东西及时记录下来，也可以按照内容分为几类记忆。对于有益的知识，不但要读，而且要反复读、经常读，甚至还要写心得笔记，这样才能把书报中的精华吸收，变为自己的营养。

群参谋——体育教练徐健身

注重口号的作用，在家里的明显位置贴一些关于博学多才的标语，让“神兽”每天都能看见、都能思考，都能悟出博学多才的重要性。日积月累，就会明白博学多才的真实含义。

如：博学多才需要博览群书！

博学多才能实现人生价值！

博学多才能实现梦想！

博学多才受人尊敬！

群公告

牢记在心中：成功与进步偏向博学多才的人。一个聪明的人，一个有远大抱负的人，一个敢于向未来挑战的人，肯定对学习新知识、掌握更多的新技术，抱以极大的热情。

每日“五个一”工程

- □ 陪伴“神兽”朗诵一首诗
- □ 陪伴“神兽”画一幅画
- □ 陪伴“神兽”户外运动
- □ 陪伴“神兽”看《新闻联播》
- □ 陪伴“神兽”自然聊天儿

亲子作业

“神兽”，你博学多才吗？是（　　）否（　　）

请“神兽”回忆出自己博学多才的一件事。

____

宝爸与“神兽”感悟到了什么呢？

A.____

B.____

03
钻研的话题

群员——宝爸 33 紧急求救

“神兽”的自尊心受到打击

宝爸 33

我家“神兽”的书房成了收购站——钢琴、古筝、二胡、葫芦丝、笛子、口琴、毛笔、画板、舞蹈鞋、奥数课本、公共英语光盘堆满了小半屋。

一天，学校组织文艺演出，各班选派节目。同学们知道“神兽”学了很多乐器，推举“神兽”代表班里参加。

“神兽”拿着二胡走上台，拉到一半，忘记乐谱了，尴尬地下了场，自尊心受到沉重打击。几天都不说话，闷闷不乐。

老师担心“神兽”，主动开导“神兽”，“神兽”心情好多了，说出了真心话。原来，“神兽”从幼儿园开始上了很多课外班，最后什么也没有学精，不仅影响了基础知识学习，还出现了“高不成，低不就”的情况。

老师听了“神兽”的话，觉得“神兽”说的有道理，主动与我联系，希望我改变教育方式，调整“神兽”的课外班。

我如梦方醒，认识到了以往的拔苗助长——多点开花、追求名利、随波逐流的教育方式不可取，务必要尊重“神兽”，多听“神兽”的意见。由此可见，学习是一个渐进的过程，需要下苦功夫。

群主——博士李操心

“神兽”的课外班任务太重，“神兽”对知识学习理解不到位，吃了“夹生饭”，既浪费了精力又浪费了钱财，值得宝爸们反思。

副群主——心理专家王细心

王细心总结出一些宝爸眼里“神兽”的问题：

“神兽”学习没有钻研精神，总是一知半解。

“神兽”没有较真儿的勇气，遇到难题就唉声叹气。

“神兽”没有钻研问题的好习惯，不主动学习新知识。

“神兽”对“钻”与“研”很陌生，不懂得钻研的重要性。

“神兽”在钻研问题上总是半途而废。

“神兽”学习没有专一性，这里学点儿，那里学点儿，最终什么也没有学成。

“神兽”学钢琴烦躁了，把钢琴丢了；学书法烦躁了，把书法丢了；学英语烦躁了，把英语丢了……

群军师——哲学家张辩证

张辩证总结出一些“神兽”眼里宝爸的问题：

我爸没有钻研精神。

我爸对知识一知半解，没有养成钻研问题的好习惯。

我爸不爱学习，只是抽烟、喝酒、玩牌。

我爸没有告诉我为什么钻研？

我爸总说钻研有什么用，随大流吧！

群参谋——体育教练徐健身

徐健身通过与神兽交谈，了解到一些“神兽”的心声：

钻研太累了，干吗那么累呢？

现在人讲舒服，为什么要较真儿呢？为什么要自己跟自己过不去呢？

钻那么深干什么呀？我又不想成为什么大人物！

完成作业就不错了，哪还有时间“钻研”呢？

学习任务繁重，哪有时间研究问题呀？

研究问题是大人的事，与我们没有什么关系。

群员——宝爸33问：如何寻找根源呢？
请各位爸爸指教。

群监督——艺术家赵广泛

宝爸的不良言行，无意中刺激了“神兽”，产生了负面效应。

宝爸自己不钻研问题，自己混日子，却逼着“神兽”钻研。

宝爸不努力提高自身的修养，不与“神兽”一起关注“钻研”二字，没有引导“神兽”重视“钻研”二字。

群主——博士李操心

“神兽”对钻研有偏见，认为钻研是件苦差事。

“神兽”认为钻研是大人的事情，自己年龄小没有必要钻研，简单的学习不需要钻研，钻研也没有任何意义。

“神兽”感到钻研很神秘，是“天才”的代名词，自己也不想当科学家，更不是天才，说“钻研”二字，让人家笑话。

“神兽”受一些书刊、杂志、影视与游戏节目的影响，把钻研忘得一干二净。

群员——宝爸33问：请各位爸爸支招，
提供解决问题的办法。

副群主——心理专家王细心

告诉“神兽”，人只要活着，就必定会有远大理想，要实现理想，没有钻研精神是不行的。

让“神兽”知道，钻研对学习极其重要，一个人要想学习进步，要想取得惊人的成绩，没有钻研精神，是不可能成功的。

让“神兽”明白，钻研可以弥补先天的不足，钻研问题就是解决问题的过程。如果没有钻研精神，心中就没有底，即便是机遇来了，也会与你擦肩而过，所以从小养成钻研问题的好习惯，会令孩子终身受益。

认真教育“神兽”，使“神兽”知道钻研的重要性，大胆鼓励“神兽”去钻研，给“神兽”创造钻研的外部环境。

告诫“神兽”，学习进步的人对“钻研”两个字最为亲切，很多事实证明，无论多么难的学习问题，在“钻研”两个字面前，都会被攻克。学生只要有了恒心，具备钻研的精神，最终会取得好成绩。

经常给“神兽”启迪性的引导，使“神兽”勤于用脑，善于思考，养成研究问题的好习惯。俗话说：“学得多，不如学得专。”学习不能只停留在表面上，更不能局限于学了什么、学了多少，数量再多，没有质量，也等于没学，一定要有深度、有质量、有发展，明白做人的道理。

群军师——哲学家张辩证

多带“神兽”参观模范及先进人物的事迹展览，给“神兽”灌输优秀人物的钻研精神，使之受到感化，变被动为主动。

多给“神兽”讲“挖井”的寓意故事。多带“神兽”进大学校园、图书馆、新华书店，读好书、读名人传记，从书中汲取力量，进一步明白钻研的重要性。

群监督——艺术家赵广泛

要认真指导“神兽”钻研，让“神兽”明白一些道理。

一是不要轻易放弃，对于开始选定的学习方向要有信心。一般情况下，入门学习是比较简单的，越学越难，这是考验人有没有意志的关键，要咬牙挺过去，才能得到历练。

二是提高认识，明白只有专心学习，才能取得好成绩。

三是充分认识人的能力，人的精力是有限的，即便选择一个专业学下去，恐怕一生也学不完，所以集中精力学一点，才有可能学有所成。

四是专一性不是只学一门知识，更不是只会一门技术，应该是专而博、专而广、专而仁、专而思，以一个点为中心，全面开花，才能使自己成为高素质的人。

群参谋——体育教练徐健身

注重口号的作用，在家里的明显位置贴一些关于钻研的标语，让“神兽”每天都能看见。日积月累，就会明白钻研的真实含义了。

如：钻研需要耐力！

钻研需要付出汗水！

钻研对人是一种考验！

钻研无止境！

群公告

牢记在心中：无论学什么都要去掉浮躁，做好克服困难、忍受寂寞与孤独的心理准备。记住：钻研是一块“试金石”。

每日“五个一”工程

- □ 陪伴“神兽”朗诵一首诗
- □ 陪伴“神兽”画一幅画
- □ 陪伴“神兽”户外运动
- □ 陪伴“神兽”看《新闻联播》
- □ 陪伴“神兽”自然聊天儿

亲子作业

“神兽”，你爱钻研吗？是（　　）否（　　）

请“神兽”回忆出自己钻研的一件事。

____

宝爸与“神兽”感悟到了什么呢？

A.____

B.____

04
乐于助人的话题

群员——宝爸 34 紧急求救

“神兽”气走了送餐员

宝爸 34

放学的路上，我家“神兽”看见一位快递送餐人员骑着电动车满头大汗地寻找 ××× 号楼，来回找了几趟也没有找到。

恰好，“神兽”低头走过来，送餐人员着急地追上“神兽”，急促地问：“小同学，你知道不知道 ××× 号楼在哪里？我是刚刚来这片送餐的，不熟悉这里。谢谢，打扰了。”

“神兽”看也不看一眼，摇摇头，继续朝家走。其实，“神兽”知道 ××× 号楼就在自己住的楼旁边。

送餐人员又来回找了几趟，最后找到了 ××× 号楼，刚一走出楼门，发现“神兽”朝相邻的楼门走去。疑惑地问：“小同学，你应该知道 ××× 号楼呀？怎么不告诉我呀？难以理解。”

“神兽”冷冷地说：“我爸说了，不能与陌生人说话，在外面不要轻易帮助人。”

送餐人员惊得目瞪口呆，无奈地摇摇头，冒着汗水，骑车继续送下一家的餐去了。

晚上，我知道了此事，内心忐忑不安，很不是滋味，有一种负罪感。我家“神兽”的话值得宝爸们思考，宝爸的言语有时能影响“神兽”终生。

群主——博士李操心

遇到送餐员问楼号，“神兽”知道也不说，眼神冷冷地、狠狠地，让人很不舒服，值得宝爸们认真反思，究竟应该如何教育我们的下一代呢？

副群主——心理专家王细心

王细心总结一些宝爸眼里“神兽”的问题：

“神兽”不愿意帮助人，自私自利。

“神兽”冷漠，麻木不仁，对需要帮助的人漠不关心。

“神兽”说学习任务重，没有时间帮助人，借口多多。

“神兽”贪玩，好吃懒做，根本不知道帮助人的重要性。

“神兽”被别人帮助惯了，不知道“人人为我，我为人人”的道理。

“神兽”不爱学习，脑子里没有中华民族的传统美德，不知道做人的基本道理。

群军师——哲学家张辩证

张辩证总结出一些“神兽”眼里宝爸的问题：

我爸经常对我说：少管闲事。

我爸从不主动帮助别人。

我爸遇到需要帮助的人与事都躲着走。

我爸认为助人为乐是“傻子”。

我爸经常说现在谁还讲助人为乐呀！过时了。

我爸不读书、不看报，肚子里“墨水”少，不明白做人的基本事理。

群参谋——体育教练徐健身

徐健身通过与神兽交谈，了解到一些“神兽”的心声：

现在谁还讲助人为乐呢？

帮助人，就要付出，我才不愿意付出呢！

帮助人是大人的事，我还小，长大了再说吧！

别人的事，与我无关。

家长严格限制我帮助人，我没有机会帮助人。

群员——宝爸34问：如何寻找根源呢？请各位爸爸指教。

群监督——艺术家赵广泛

宝爸经常对“神兽”进行负面教育，说些不负责任的话。

宝爸自身的不良言行对“神兽”造成了不良影响，成为“反面榜样”。

宝爸对“神兽”没有进行乐于助人的教育，导致教育失衡，传统教育与思想品德教育更是不经常讲解和灌输，问题严重。

宝爸发现“神兽”不爱帮助人，不及时引导、启发，任其发展，等于默认。

群主——博士李操心

“神兽”头脑里自私的东西太多了，社会上向钱看、追求享受、高消费的渲染也很严重，导致“神兽”无法辨别是非，把乐于助人视为“傻瓜”与另类人。

“神兽”的玩心大，自私自利，对助人为乐很陌生，也很反感，甚至觉得与自己没有关系。

“神兽”被宠爱惯了，根本就不愿意帮助人。

群员——宝爸34问：请各位爸爸支招，提供解决问题的办法。

副群主——心理专家王细心

告诉“神兽”什么是做人的基本素养，正确引领“神兽”的人生观、价值观、世界观，耐心细致地告诉“神兽”做人的道

理，多给“神兽”讲述英雄人物为国家、为人民奉献的先进事迹，健康、有效、持久地净化“神兽”的心灵，使“神兽”逐渐树立起正确的价值观、人生观与世界观。

结合实践，让“神兽”明白什么是丑、什么是美，对乐于助人有一个正确认识，最终主动加入乐于助人的行列。

群军师——哲学家张辩证

多带“神兽”一起学习，一起读好书，了解伟大中国的灿烂历史，把热爱祖国的种子种在“神兽”心中，发芽、生根、生长、开花和结果。

让“神兽”知道，乐于助人是检验一个人思想品德高低的一把尺子，直接反映出人的心灵是丑还是美，也是看一个人综合素质高低的一面镜子。

群监督——艺术家赵广泛

告诉“神兽”，一个乐于助人的人，心胸是宽广的，心灵是美好的，其行为、语言，会给周围的人带去快乐、希望和幸福，因为乐于助人的人懂得人生的意义，帮助别人、服务社会，关心亲人，多付出、少索取，才能获得成就感，才会真正得到快乐。

以身作则，身先士卒，感染“神兽”。让“神兽”知道乐于助人是人生的高标准，助人不是泛泛地空谈，而是需要具体的行动，这种行动是自觉自愿的，是不需要任何回报的。当一个人有了乐于助人的态度，其价值也就显现出来了。

群参谋——体育教练徐健身

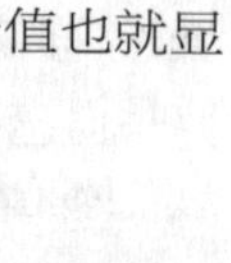

要注重口号的作用，在家里的明显位置贴一些关于乐于助人的标语，让“神兽”每天都能看见、都能思考，都能悟出乐于助人的重要意义。

如：乐于助人是美德！

助人者人恒助之。

自助者天助之。

群公告

牢记在心中：乐于助人是人生的最高境界，因为助人的人心中总想着他人、想着国家、想着民族。所以，每个人都应有乐于助人的信念。

每日“五个一”工程

□ 陪伴“神兽”朗诵一首诗
□ 陪伴“神兽”画一幅画
□ 陪伴“神兽”户外运动
□ 陪伴“神兽”看《新闻联播》
□ 陪伴“神兽”自然聊天儿

亲子作业

“神兽”，你乐于助人吗？是（　　）否（　　）

请“神兽”回忆出自己助人的一件事。

____

宝爸与“神兽”感悟到了什么呢？

A.______________________________

B.______________________________

05
会着装的话题

群员——宝爸 35 紧急求救

“神兽”的双手冻裂了

宝爸 35

冬天到了，我家“神兽”上、下学的路上不戴手套，双手冻裂口子了，还经常感冒，发热咳嗽。

学校的卫生老师调研学生的冬季着装习惯问题，询问我家“神兽”时，“神兽”说：“冬天出门不戴手套，也不戴帽子和围脖，因为我爸出门从不戴手套、围脖和帽子。”

老师主动联系我，嘱咐我务必要解决好“神兽”出门保暖的问题，不能大意。

我吃惊不小，怪我粗心大意，让“神兽”吃苦了。晚上，我深思许久，感觉“神兽”的话有普遍性，也是宝爸共性的问题，值得宝爸们思考。

群主——博士李操心

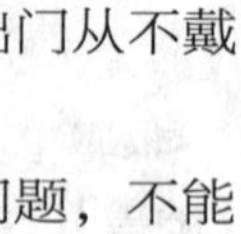

冬天到了，“神兽”外出不注意保暖，冻坏了手，令人心痛。仔细想想，“神兽”说的话是不是与宝爸的言行有关系呢？需要宝爸们认真反思。

副群主——心理专家王细心

王细心总结出一些宝爸眼里“神兽”的问题：

冬天，“神兽”冒着寒冷去上课，路上全身出汗，下课后，也不戴帽子，外套也不穿好，急匆匆跑出教室活动。放学回家就感冒、发热。

刚刚立春，天气寒冷，“神兽”急忙脱去毛衣毛裤，外出时，冻得全身发抖、关节疼痛。

冬天，天气寒冷，“神兽”不戴手套在外面玩儿，没几天，手被冻伤了，非常痛苦。

夏天，“神兽”衣服被汗水浸湿，也不洗不换，都有异味了。

秋天，“神兽”外出旅游，不穿长裤、长袖衣服，穿短袖、短裤，露着胳膊、小腿，皮肤被植被划破了。

“神兽”的外衣、内衣一直穿在身上，脏的不像样子了，也不主动脱下来换洗。

口罩戴了几天了，也不主动更换。

群军师——哲学家张辩证

张辩证总结出一些“神兽”眼里宝爸的问题：

我爸不会着装，不懂得审美，一年四季都是一样的衣服。

我爸邋邋遢遢的，衣服脏了、皱褶了也不及时洗熨。

我爸的皮鞋都没有亮泽了，还穿呢！

我爸冬天不戴围脖、帽子、手套，经常感冒。

我爸穿衣服随意性大，看到哪件穿哪件。

我爸戴的一次性口罩已经不是一次性了，几天不换新的口罩。

群参谋——体育教练徐健身

徐健身通过与神兽交谈，了解到一些“神兽”的心声：

我年龄小，几身校服就够了，有什么可讲究的呢？

我不愿意换洗衣服。

我学习紧张，没有时间研究着装的事。

我火力壮，穿少点儿，没有关系。

我懒得刷鞋。

我爸没有给我讲过着装的常识。

群员——宝爸35问：如何寻找根源呢？
请各位爸爸指教。

群监督——艺术家赵广泛

宝爸不能以身作则，没有给“神兽”留下好的印象。

宝爸关心“神兽”不够，季节到了，也不督促“神兽”换衣服。

宝爸没有告诉孩子为什么要重视着装，为什么要讲究穿衣服、鞋等。为什么要及时换新口罩。

群主——博士李操心

“神兽”没有生活常识，对如何着装很陌生。

“神兽”懒惰惯了，衣服、帽子、手套、红领巾、鞋子自己不洗，也不刷。

“神兽”不爱学习，不知道“着装”的真正的含义。

群员——宝爸35问：请各位爸爸支招，
提供解决问题的办法。

副群主——心理专家王细心

要不厌其烦地告诉“神兽”，古人是怎么对待着装问题的。古人认为：“根据时令增减衣物，一能抵御寒气，暖五脏，致血液顺畅；二能保护机体，防邪气病毒入肤；三能增色，使人喜颜、年轻。”

让“神兽”知道，人是恒温动物，必须根据外界气温变化，及时增减衣物，才能使体温保持正常，才能使各个器官功能正常发挥，才能使血液循环顺畅，保证皮肤安全。

结合实际，给“神兽”讲危害，讲得越具体越好，越深刻越好。具体如下：

其一，冬季气候寒冷、风大、干燥，如果不穿厚实、保暖的衣物，体温就会迅速下降，时间一长，血液循环就会出现问题，轻则皮肤、肌肉、骨骼、关节会被冻坏，重者会使血液凝固，导致神经功能丧失，直至生命出现危险。

其二，夏天，天气炎热，如果不及时减衣，可能会使体温升高，轻则大汗淋漓，使人虚脱。重则身体热平衡被打破，发生中暑，甚至死亡。

其三，平时，如果不能根据气温变化，及时增减衣物，容易着凉、感冒、发热，或导致风湿、关节炎等。

让“神兽”知道，寒冷季节，室内外温度差别也大，在室内适当减少厚衣服，室外活动适当增加衣服，否则就容易受寒，患病的概率就高，自己受罪不说，还耽误学习，影响心情。

群军师——哲学家张辩证

多给“神兽”讲道理，使孩子明白一个简单的道理——“要想少生病，春捂与秋冻。”寒冷季节，适时增减衣物对身体健康非常重要，千万不能麻痹大意，更不能为了美而付出健康的代价，自己要爱惜自己的身体，才是最聪明的人。

务必要结合实际，让“神兽”知道衣服最重要的功能是御寒，而不是美丽。衣服是给自己穿的，不是给别人穿的。因为少穿衣服，或不及时增减衣物而生病，受罪的是自己。

群监督——艺术家赵广泛

让“神兽”掌握正确着装的要领，具体如下：

其一，根据季节特点，预先准备好各种衣服。单的、棉的、羽绒衣服样样不能少，单帽子、棉帽子、单手套、棉手套、单鞋、棉鞋、单袜子、棉袜子、围脖、口罩也不能缺，换季要及时，不能拖拉，以免身体健康受影响。

其二，根据气温变化，及时穿脱衣服。气象预报仅供参考，有的地区气温变化无常，早、中、晚温差很大，要特别当心，不要嫌麻烦，要赶在气温变化前换好衣服。

其三，根据活动日程变化，携带好衣服。如果外出，或有活动，应该根据时间安排和日程情况，带足衣服，随时添加。

其四，选择纯棉材料的衣服最安全。纯棉衣服保温性好、透气性好，对皮肤没有刺激，最适合人的皮肤。特别是内衣、围脖、袜子更要首选纯棉材料。

群参谋——体育教练徐健身

注重口号的作用，在家里的明显位置贴一些关于着装的标语，让“神兽”每天都能看见、都能思考，都能悟出着装的重要性，日积月累，就会明白科学着装的真谛了。

如：科学着装是聪明人！

科学着装有学问！

科学着装尊重人！

群公告

牢记在心中：科学着装对保证人体健康非常重要，千万不能嫌麻烦，嫌麻烦就等于对生命健康不负责。

每日“五个一”工程

- □ 陪伴“神兽”朗诵一首诗
- □ 陪伴“神兽”画一幅画
- □ 陪伴“神兽”户外运动
- □ 陪伴“神兽”看《新闻联播》
- □ 陪伴“神兽”自然聊天儿

亲子作业

“神兽”，你会着装吗？是（　　）否（　　）

请“神兽”回忆出自己科学着装的一件事。

____

宝爸与“神兽”感悟到了什么呢？

A.____

B.____

06
热爱生活的话题

群员——宝爸 36 紧急求救

“神兽”不听老师的话

宝爸 36

我家的“神兽”是五代单传，几乎生活在“蜜罐子”里。衣来伸手，饭来张口，玩具一大堆，自己住一间 30 平方米的大屋子。可是，“神兽”还是觉得没有意思，天天喊着孤独，没有人玩儿。

春天到了，老师建议学生周末去公园观察植物，写一篇观察笔记。

“神兽”不想去也不想写，躺在床上睡懒觉。睡醒后说观察植物没有意思，拿起游戏机，玩起了植物大战僵尸的游戏。

周一上学，同学们都写了观察笔记，唯独我家的“神兽”交了“白卷”。

老师问：“为什么不想去观察植物，为什么不写观察笔记。”

“神兽”理直气壮地说：“我爸说植物有什么好看的？如果呼吸道进了花粉，过敏了就麻烦了。还不如睡觉呢！”

老师听了“神兽”的话，感到很惊讶，主动联系我，与我沟通，指出了我的问题，希望我鼓励“神兽”多亲近大自然，按时完成老师布置的作业。

我羞愧难当，后悔自己以前在家乱说话，成了“神兽”的模仿对象。晚上，我深思许久，感觉爸爸的言行对孩子的影响太大了。所以，宝爸务必要处处谨慎，认真思考在“神兽”面前说的每一句话，做的每一件事。

群主——博士李操心

“神兽”不去公园观察植物，没有完成观察笔记，犯了错误，应该受到批评。但是，仔细想想，“神兽”说的话是不是与宝爸的言行有关系呢？需要宝爸们认真反思。

副群主——心理专家王细心

王细心总结出一些宝爸眼里“神兽”的问题：

“神兽”竟然分不出韭菜与麦子。
“神兽”不会剥鸡蛋。
“神兽”个子高大，竟然不会洗衣服、刷鞋。
“神兽”好像不是地球人，对生活没有一点儿兴趣。
“神兽”就爱看电视、玩游戏、玩手机，对其他大事不关心。
“神兽”很孤僻，什么也不愿意参加，外面的世界好像与他无关。
“神兽”只知道自己瞎玩，其他新鲜事物一概不问。

群军师——哲学家张辩证

张辩证总结出一些“神兽”眼里宝爸的问题：

我爸很严肃，生活也很刻板。
我爸手机不离手，对其他事情无动于衷。
我爸没有告诉我怎么生活。
我爸总是说生活苦，没有什么意思。
我爸不爱学习，没有生活目标，稀里糊涂地过日子。

群参谋——体育教练徐健身

徐健身通过与神兽交谈，了解到一些“神兽”的心声：

没有人与我玩，我只有与电视、手机为友。
出门玩儿，爸爸不让，说外面有坏人，我被吓着了。
没有人指导我该怎么热爱生活，我不知道什么是真正的生活。
每天大部分时间我一个人待在家，很寂寞，微信里与同学聊天儿是打发时间最好的办法，我最开心了。

爸爸根本不与我交流，我很苦闷，什么兴趣也没有。

我想干点儿事，爸爸担心我出事，极力阻拦，索性我什么也不干了。

群员——宝爸 36 问：如何寻找根源呢？
请各位爸爸指教。

群监督——艺术家赵广泛

宝爸包办过多，导致“神兽”依赖性过强，不肯动脑子创造生活、品味生活、改善生活、体验生活，严重地束缚了“神兽”的手脚。

宝爸自己对生活没有真正的认识，家庭生活严肃、沉闷，导致“神兽”心情郁闷，对生活期待值不高。

宝爸不清楚自己的任务是什么，不给“神兽”创造独立生活的机会，不会培养“神兽”的生活兴趣，处处限制“神兽”的思维与想法，导致“神兽”脱离生活、脱离社会。

群主——博士李操心

“神兽”受到爸爸阻拦、恐吓后，放弃了独立成长，出现高分低能，甚至低分低能的现象。

“神兽”长期被溺爱，不知道什么是生活、该怎么生活、为什么生活。

“神兽”与爸爸沟通不畅，不能从爸爸的身上学到生活的技能。

“神兽”不爱学习，不能在课外书本里找到生活的标准答案，只知道昏天黑地地玩。

群员——宝爸 36 问：请各位爸爸支招，
提供解决问题的办法。

副群主——心理专家王细心

结合实际，积极培养“神兽”乐观的生活态度，引导“神兽”学会观察，激发丰富的想象力，建立对生活的信心，创造性地改变自己的生活。

告诉“神兽”，生活在地球上的人们丰富多彩，多元文化交织在一起，各色人种生活在一起，构成了五彩斑斓的世界，令人眼花缭乱。

告诉“神兽”要对未来充满希望。

让“神兽”明白，任何事物都有本质和外表，当一个人会观察，就会看到很多本质的东西，就会准确地认知世界和社会，感悟到很多亲情及生活的乐趣。牢记四个观察要点：

一是多看，不能怕耽误时间。俗话说：“只要留心，处处皆学问。”不能只是认为学校能学知识，其实社会才是真正的大课堂。生活是实际的，谁也脱离不了。所以，无论去什么地方，都要睁大眼睛看，只要与生活有关系的事、人与物，都要放慢脚步观察（妈妈如何操持家务的、工人如何工作的、麦子如何生长的、馒头怎么蒸出来的、饺子怎么包出来的等）。看多了，也就明白生活是什么了，知道事物的逻辑关系，知道人情世故，也就热爱生活了。

二是多问，不能担心别人笑话自己无知。无知才要多问。遇到不明白的事物，不要憋在心里，要主动向有经验的人请教，问明白了，就了解了其中的奥妙，知道为什么这样，为什么那样，逐渐增长知识和才干。

三是多听，一般不打断对方的话语。为什么人有两只耳朵，目的就是多听，听的越多，信息越丰富，越能解开疑惑，对生活的实质才更加掌握。

四是多记，不能嫌麻烦。俗话说：“好记性，不如烂笔头。”人的记忆是有限的，而且容易遗忘，观察生活时，可以使用现代记录器材记录（录音笔、录音机、摄像机、照相机等），便于查阅，统计归纳，找出规律性的东西来。

群军师——哲学家张辩证

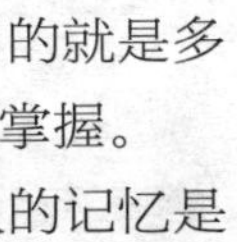

让“神兽”认识到只有热爱生活，才能活得更精彩。热爱生活的人，能感悟到生活的快乐。同样的人生，有的人觉得是痛苦的，有的人觉得是快乐的，为什么呢？就是人们对生活的态度不一样。如果以积极的态度对待生活、创造生活，你的精神面貌就好，你活得就很充实。如果以消极的态度对待生活，你就感到心情是压抑的，是不舒畅的。为了使我们的生活更精彩，一定要让“神兽”明白热爱生活的重要性，生活需要你去改变与创造。

多带“神兽”亲近大自然，积极、主动、巧妙地带动“神兽”感受生活，多让“神兽”看他人的生活，多让“神兽”思考问题，让“神兽”自己设计生活，掌握生活技巧。

宝爸要以身作则，起到正确、积极的引领作用，自身先要热爱生活、创造生活，与“神兽”交朋友，与“神兽”一起研究生活，经常性地变换生活，给家庭生活带来乐趣。

群参谋——体育教练徐健身

注重口号的作用，在家里的明显位置贴一些关于热爱生活的标语，让“神兽”每天能看见、能思考，悟出生活的本质，明白生活的意义了。

如：热爱生活——生活也爱你！

生活有学问！

明天的生活更美好！

你对生活笑，生活也对你笑！

群公告

牢记在心中：只要学会用心生活，生活才会对你笑，你才能真正懂得生活，明白事理，感悟快乐。

每日“五个一”工程

- □ 陪伴“神兽”朗诵一首诗
- □ 陪伴“神兽”画一幅画
- □ 陪伴“神兽”户外运动
- □ 陪伴“神兽”看《新闻联播》
- □ 陪伴“神兽”自然聊天儿

亲子作业

“神兽”，你热爱生活吗？是（　　）否（　　）

请“神兽”回忆出自己热爱生活的一件事。

____

宝爸与“神兽”感悟到了什么呢？

A.______________________________

B.______________________________

群公告七
宝爸的十要、十不要

01
支持“神兽”的话题

群员——宝爸37紧急求救

“神兽”获得特等奖

宝爸37

开学后，我家“神兽”画了一张《地球妈妈》的儿童画交给学校老师，统一参加了全国环保儿童画比赛。

不久，比赛结果出来了，“神兽”的画想象力丰富、寓意深刻，赢得了评委的一致好评，给了特等奖。校长亲自颁奖，上了学校的光荣榜。

人们问“神兽”年纪不大，画的寓意这么深刻，是不是大师的指点呢？

“神兽”点点头，兴奋地说：“是的、是的，绝对有大师的指点，这位大师伴随我一生，他就是——爸爸。我7岁时，看了一次儿童画展，喜欢上了儿童画，讲给爸爸听。爸爸听后，十分高兴，当即带我去了少年宫学儿童画。爸爸旁听，也学儿童画。我们父子俩，一起研究儿童画的技巧、画法、流行趋势；一起去户外观察生活，画野外的小鸟、河里的青蛙、田地里的庄稼、耕地的牛、猪圈里的猪、山坡上的羊、牛在山上吃草的情景等。”

我听后十分高兴，没有想到，我的支持，成就了“神兽”儿童画的梦想。可见，爸爸的支持对于“神兽”成长是多么的重要啊！所以，宝爸务必要支持“神兽”完成梦想，千万不能嫌麻烦。

群主——博士李操心

“神兽”有了画儿童画的梦想，宝爸全力支持，不仅让“神兽”取得了成绩，还密切了亲子关系，一举两得。仔细想想，“神兽”说的话是对宝爸的肯定。。

副群主——心理专家王细心

宝爸一定要支持“神兽”，这是不能忽视的问题。宝爸天天盼着“神兽”成才，“神兽”有想法了，有兴趣了，有独立思考了，有行动了，满怀热情地告诉爸爸，宝爸不但不支持“神兽”，相反还讽刺挖苦“神兽”，全盘否定“神兽”，无形中建起了一道“阻碍墙”，“神兽”怎么能成长呢？

群军师——哲学家张辩证

“神兽”健康成长并成为高素质的人，需要物质基础、时间和宝爸的配合与耐心，不是想成为高素质的人就能成为高素质的人。所以，宝爸应该在“支持”这两个字上下功夫，默默无闻地支持下去，“神兽”一定会成功的。

群参谋——体育教练徐健身

宝爸要敢于担当，保持清醒，时刻想着引领“神兽”成才的问题，不能懈怠，要用实际行动支持“神兽”。尊重“神兽”的想法，报兴趣班，要让“神兽”学透彻，最大限度地给“神兽”创造良好的学习环境。

群员——宝爸 37 问：如何寻找根源呢？
请各位爸爸指教。

群监督——艺术家赵广泛

现在的宝爸们都很忙，工作压力比较大，还要照顾老人，教

育“神兽”的责任重大。要清楚培养“神兽”的目的是什么？是让“神兽”成为一个自食其力的人。宝爸既然养育了“神兽”，就要全身心地支持“神兽”，平时少睡一会儿觉、少看一会儿电视，主动带“神兽”去参加有意义的社会活动，在“神兽”成长的道路上，给“神兽”拓宽一些知识面，给“神兽”创造一些好的成长环境，“神兽”就会成才。

群主——博士李操心

宝爸不要老埋怨“神兽”，应该先要检查自己是不是完全地支持“神兽”了。务必要在这方面认真思考，而且要有实际行动。

群员——宝爸 37 问：请各位爸爸支招，提供解决问题的办法。

副群主——心理专家王细心

宝爸在“神兽”面前说话要有分寸，不要伤害“神兽”的自尊心。有的宝爸经常对“神兽”说——这个月的钱全给你花了，学琴花钱、学英语花钱、上补习班花钱……让“神兽”背上了心理“负担”。其实，成才不单纯是钱的事，成才有时是不需要花钱的，只需要宝爸的全力支持。宝爸对“神兽”合理的要求支持，不合理的要求就反对，不能完全由着“神兽”的性子来。

群军师——哲学家张辩证

要注重口号的作用，在家里的明显位置贴一些关于支持的标语，让宝爸与“神兽”每天都能看见、都能思考，日积月累，就会明白支持的全部含义了。

如：支持就是力量！

支持会出现 1+1 大于 2 的结果！

群公告

牢记在心中：“神兽”在成才的道路上奔驰，不仅需要知识，还需要宝爸的全力支持。

每日“五个一”工程

- □ 陪伴“神兽”朗诵一首诗
- □ 陪伴“神兽”画一幅画
- □ 陪伴“神兽”户外运动
- □ 陪伴“神兽”看《新闻联播》
- □ 陪伴“神兽”自然聊天儿

亲子作业

宝爸，你支持“神兽”吗？是（　　）否（　　）

请宝爸回忆出自己支持“神兽”的一件事。

____

宝爸与“神兽”感悟到了什么呢？

A.____

B.____

02
自信的话题

群员——宝爸 38 紧急求救

“神兽”获得了金奖

宝爸 38

学校数学老师推荐我家“神兽”参加“珠心算”比赛，经过初赛、复赛、决赛，“神兽”不负众望，获得了金奖。为学校赢得了荣誉，师生们情绪激昂，学校的学习氛围更加浓郁了。

比赛前，面对各路高手，“神兽”有点儿胆怯，担心自己不行！

我握住“神兽”的小手，幽默地说：“你已经登上了万里长城，八达岭、居庸关、山海关、箭扣……”

“神兽”听了我的话，顿时有了勇气：“我都登上了万里长城，我早就是好汉了，怕什么呢？”

于是，“神兽”以最佳的状态进入比赛，最终取得了好成绩。可见，关键时刻宝爸给“神兽”的信心很重要。

群主——博士李操心

“神兽”比赛前遇到各路高手，有点儿打退堂鼓，宝爸告诉“神兽”登上万里长城了，给了“神兽”以强大的自信心，最终取得了好成绩。仔细想想，宝爸说的话是“定心丸”。对“神兽”很有启发。

副群主——心理专家王细心

“神兽”想成才、有梦想，可是多数“神兽”有时候缺乏自信，比如：上台讲话之前心慌，经常问能不能行呀？担心对手比自己强。

宝爸务必要了解“神兽”的心理特点，关键时候，及时出手，帮助“神兽”调整不健康的心理状态。

群军师——哲学家张辩证

宝爸要告诉“神兽”一个简单的道理，自信就跟人体需要钙一样，没有钙就全身发软，甚至得软骨病，发育肯定不好。如果钙充足，人的生长发育就会很结实。

宝爸要让“神兽”明白，自信心就是相信自己，必不可少。“神兽”有了自信心就会勇敢，就敢于说话、表现和实践。现在是一个表现的社会，你不表现，别人怎么知道你呢？怎么能发现你呢？

群参谋——体育教练徐健身

宝爸要清醒，在“神兽”成才的道路上，一定要给“神兽”自信心，不要打击“神兽”。

宝爸说话务必要讲究方式与方法，绝对不说不负责任的话，更不能说绝情话，伤害“神兽”自尊心的话坚决不说。

如有的宝爸看到“神兽”想学画画，随口说：你还学画画呢？连圆都画不圆。

如有的“神兽”想学书法，有的宝爸随口就说：你斗大的字都写不好，蜘蛛爬的一样，练什么书法呢？

这些讽刺挖苦的话非常刺激人心，会把“神兽”的自信心打压下去，“神兽”怎么能成为书法家呢？怎么能成为画家呢？怎么能有所作为呢？

群员——宝爸 38 问：如何寻找根源呢？
请各位爸爸指教。

群监督——艺术家赵广泛

平时要多鼓励“神兽”，发现“神兽”的优点就实事求是地赞扬，言谈话语中把自信心传递给"神兽"。

大胆鼓励"神兽"自己的事情自己干，让"神兽"体会做完事以后的成就感。

积极鼓励"神兽"参加集体活动，多发言、多组织活动，让"神兽"从不同的方面得到锻炼。

群主——博士李操心

宝爸自己也要自信，遇到事情不能优柔寡断，当一个好榜样，以免影响"神兽"的心理健康。

"神兽"的自信需要宝爸引领，宝爸要多与"神兽"走出家门。主动参观博物馆，参观名人故居、各种人物事迹展，汲取营养，净化心灵，让"神兽"的内心坚定起来。

群员——宝爸 38 问：请各位爸爸支招，提供解决问题的办法。

副群主——心理专家王细心

宝爸要主动与"神兽"交流，主动与"神兽"一起读课外书，讨论新闻时事，让"神兽"的眼界开阔起来。

宝爸平时要多对"神兽"说肯定的话、信任的话，不能口无遮拦，更不能随意贬低"神兽"。

群军师——哲学家张辩证

要注重口号的作用，在家里的明显位置贴一些关于自信心的标语，让宝爸与"神兽"每天都能看见、都能思考，日积月累，就会明白自信心有多么的重要了。

如：自信心是无形的力量！

相信自己！

群公告

牢记在心中：自信是成功的第一秘诀，没有自信心机会在眼前也会失去。做爸爸的任何时候都要鼓励“神兽”坚定信念。

每日“五个一”工程

- □ 陪伴“神兽”朗诵一首诗
- □ 陪伴“神兽”画一幅画
- □ 陪伴“神兽”户外运动
- □ 陪伴“神兽”看《新闻联播》
- □ 陪伴“神兽”自然聊天儿

亲子作业

宝爸，你给“神兽”自信吗？是（　　）否（　　）

请宝爸回忆出自己给“神兽”自信的一件事。

____

宝爸与“神兽”感悟到了什么呢？

A.______________________________

B.______________________________

03
自由的话题

群员——宝爸39紧急求救

"神兽"设计的机器人获奖了

宝爸39

我早就看出来了，我家的"神兽"是学理工的材料。从幼儿园、小学、初中到高中，天天捣鼓机械设备，拆来拆去，拼拼装装。高中二年级，参加国际中学生机器人设计大奖赛，获得了特等奖。

领奖台上，校长请"神兽"上台谈获奖感言。

"神兽"脸红了，有点儿不好意思了，轻声说："源于爸爸给的自由，小时候我喜欢与爸爸户外活动，小区花园拔草，郊区山坡上采摘野菜，田地里帮助农民叔叔收玉米、花生，帮助农民叔叔喂羊、喂鸡、喂兔子……今天想到设计简易锄草机、明天想到设计了抓老鼠器……每次有了发明的想法，我及时问爸爸我的想法如何？爸爸说很好，都是农民最需要的产品，可以边玩边研究。在爸爸的鼓励下，我设计图纸，买电子元器件……发明的欲望越来越强烈，终于设计出了国际水平的机器人。"

看到"神兽"取得的成绩，回忆以往我给"神兽"的自由，感触颇深。要想让"神兽"成才，宝爸给"神兽"自由空间非常重要。

群主——博士李操心

"神兽"喜欢发明，爱鼓捣机械，宝爸因势利导，根据"神

兽”的天性，给“神兽”提供创造发明的机会和自由，最终取得了优异的成绩。

副群主——心理专家王细心

很多宝爸缺乏科学教育“神兽”的方法，有的简单粗暴，有的撒手不管。有的极端宝爸会把“神兽”的“翅膀”捆上，不让“神兽”自由活动，生怕“神兽”出事，什么都限制“神兽”。

如“神兽”说去外面玩一会儿，宝爸担心被坏人拐走，全力阻拦。

如“神兽”说画画，宝爸担心耽误学习，不允许。

如“神兽”说听音乐，宝爸斥责“神兽”不好好学习，不允许听。

如“神兽”说喜欢武术，宝爸说容易受伤，极力反对。

其实，仔细想一想，这种堵截的方式管理“神兽”是很荒唐的。这些看似关心“神兽”的宝爸总是限制“神兽”的自由，只是一味地让“神兽”死读书，这样下去会限制“神兽”的成长。“神兽”失去基本的自由的同时也会失去很多成才与发展的机会。

群军师——哲学家张辩证

宝爸要知道，自由是“神兽”的天性，是发明创造的源泉，是实现梦想的开始。要想让“神兽”成才，就要充分给“神兽”自由，让“神兽”在自由、快乐、轻松的氛围中学习与成长。

群参谋——体育教练徐健身

宝爸要倾听“神兽”的内心话，学会换位思考。

群员——宝爸 39 问：如何寻找根源呢？
请各位爸爸指教。

群监督——艺术家赵广泛

要学会关心“神兽”，现在有的宝爸不是全面关心“神兽”的成长，而是只关心“神兽”的学习成绩，没有寻找“神兽”的成才点与兴趣点。其实，业余时间“神兽”鼓捣点儿小玩意儿、有点儿小发明、做点儿喜欢的事，只要没有危险，不仅耽误不了学习，反而还能促进学习，甚至还可能因为这一点就成才了。

群主——博士李操心

学习这条路上，只有少数人能到哈佛、剑桥、巴黎、斯坦福、清华、北大学习。多数“神兽”是到不了这些名校的，与其都在学习这条路上拥挤着，不如让“神兽”分散一点儿精力，在喜欢的兴趣点上去探寻呢？事实证明，在“神兽”的兴趣点上培养“神兽”，“神兽”更容易成才。

群员——宝爸 39 问：请各位爸爸支招，提供解决问题的办法。

副群主——心理专家王细心

宝爸要主动给“神兽”自由，不能总是限制“神兽”的行动，要给“神兽”活动空间，给“神兽”独自处理事情的机会和权利。

要敢于放手“神兽”，凡是“神兽”能自己干的事就让“神兽”自己干，不能大包大揽。一定告诉“神兽”自由的同时一定要遵纪守法，不能只要自由，不讲法纪。

群军师——哲学家张辩证

要注重口号的作用，在家里的明显位置贴一些关于自由的标语，让宝爸与“神兽”每天都能看见、都能思考，日积月累，就会明白自由有多么的重要了。

如：自由才能畅想未来！

自由让我放松！

自由不是乱来！

群公告

牢记在心中：给“神兽”自由，才能使“神兽”放飞梦想，才能使“神兽”无拘无束地去实践、探索和创造，才能有机会成为有用的人才。

每日“五个一”工程

- □ 陪伴“神兽”朗诵一首诗
- □ 陪伴“神兽”画一幅画
- □ 陪伴“神兽”户外运动之
- □ 陪伴“神兽”看《新闻联播》
- □ 陪伴“神兽”自然聊天儿

亲子作业

宝爸，你给“神兽”自由吗？是（　　）否（　　）

请宝爸回忆出自己给“神兽”自由的一件事。

____

宝爸与“神兽”感悟到了什么呢？

A.______________________________

B.______________________________

04
感情的话题

群员——宝爸 40 紧急求救

“神兽”放学不回家

宝爸 40

一个月前的一天下午，放学的时间到了，我家的“神兽”没有回家，半夜也不见踪影。老师、我与家人共同寻找，都快找疯了，最后在小区门口的一个垃圾箱边找到了。

“神兽”冻得瑟瑟发抖，快要饿昏了。

人们震惊了，老师焦急地问：“为什么半夜不回家呢？”

“神兽”哭着说：“爸爸爱发火，总打骂我，平时我回家孤独一人，没有温暖，很害怕，不想在家待了。今天考试不及格，就不想回家。”

人们用惊愕的目光看着我，我羞愧难当，感到无地自容，主动承认错误，发誓再也不发火了，再也不打骂“神兽”了。

从此以后，我主动与“神兽”交流，陪他读书、看电视剧、玩游戏、打球、爬山、登长城……“神兽”感到了家的温暖，脸上流露出了幸福的笑容，愿意回家了。

看到“神兽”的转变，我回忆以往对“神兽”的态度，感触颇深。要想让“神兽”有安全感，宝爸和“神兽”的交流非常重要。

群主——博士李操心

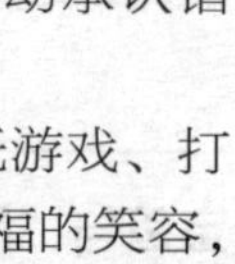

“神兽”平时得不到爸爸的关心，感到孤独，离家出走了。

宝爸改变后，亲子关系也改善了，“神兽”有了生活的希望，愿意回家了。仔细想想，宝爸对“神兽”感情很重要。那么，宝爸如何和“神兽”联络情感呢？怎样才能让“神兽”有安全和归属感呢？

副群主——心理专家王细心

感情相当于人体里的血液一样，人如果没有血液就不能活。“神兽”跟爸爸有血缘关系，但没有情感交流，就陌生了，最后甚至会成仇人。所以，关心“神兽”的成长，希望“神兽”成才，宝爸一定要和“神兽”多联络感情。

群军师——哲学家张辩证

有一个心理学专家做了一个调查：凡是有暴力倾向的“神兽”，有心理阴影的“神兽”，多数都与宝爸和“神兽”感情不和谐有关系。

宝爸几乎不跟“神兽”交流，或夫妻两口子经常在家里打架，给“神兽”心理造成沉重打击，在家里有恐怖的感觉，在家里“神兽”得不到情感上的温暖，逐渐地“神兽”也会表现出暴力、冷漠的情况，更谈不上成才了。

群参谋——体育教练徐健身

宝爸要多关心“神兽”，生活上给“神兽”更多的关心，体贴入微，让“神兽”吃好、穿好、休息好。如果“神兽”生病了，要更加关心照顾，积极医治，让“神兽”感到爸爸的爱就在身边。

群员——宝爸 40 问：如何寻找根源呢？
请各位爸爸指教。

群监督——艺术家赵广泛

“神兽”不想回家，问题很严重，也很现实。“神兽”说的话会给宝爸们一个启示！“神兽”是有感情的人，不能给“神兽”

冷脸子，不能让“神兽”生活在“家庭暴力”的环境中。养“神兽”不是给吃的、穿的就行了，还应该有感情上的交流，让“神兽”感到家庭的温暖和快乐。

群主——博士李操心

多与“神兽”交流，平时，宝爸多跟“神兽”在一块交流，耐心地倾听“神兽”的意见，让“神兽”说说心里话，帮助“神兽”解决实际问题。

群员——宝爸40问：请各位爸爸支招，提供解决问题的办法。

副群主——心理专家王细心

宝爸应利用节假日陪“神兽”到户外活动，让“神兽”感受大自然的美妙。

要鼓励“神兽”敢于担当，为家庭做出贡献。与“神兽”一起创建和谐的家庭。家庭是“神兽”的港湾，夫妻要恩爱、孝敬老人，给“神兽”做好榜样。夫妻有矛盾，千万不能当着“神兽”的面吵架，更不能在家里出现不文明的暴力行为。

群军师——哲学家张辩证

充分利用现代化的通信手段进行交流，宝爸出差在外，可以给“神兽”打电话，可以给“神兽”发短信，可以在电脑上与“神兽”交流，可以通过微信视频，让“神兽”感知到爸爸时刻在身边。

注重口号的作用，在家里的明显位置贴一些关于感情的标语，让宝爸与“神兽”每天都能看见，日积月累，就会明白感情的重要了！

如：感情是幸福的尺子！

感情需要付出！

感情需要理解！

群公告

牢记在心中：感情是人生中最重要的东西，没有感情的人，不懂感情的人一定是孤独、冷漠的人。

每日“五个一”工程

- □ 陪伴“神兽”朗诵一首诗
- □ 陪伴“神兽”画一幅画
- □ 陪伴“神兽”户外运动
- □ 陪伴“神兽”看《新闻联播》
- □ 陪伴“神兽”自然聊天儿

亲子作业

宝爸，你给“神兽”感情吗？是（　　）否（　　）

请宝爸回忆出自己给“神兽”感情的一件事：

____

宝爸与“神兽”感悟到了什么呢？

A.______________________________

B.______________________________

05
肯定的话题

群员——宝爸 41 紧急求救

“神兽”不会做饭

宝爸 41

我家的“神兽”与邻居玉玉是同学，玉玉会做饭，我家“神兽”不会做饭，人们问玉玉为什么会做饭。

玉玉快乐地说：爸爸经常出差，有一次我给出差的爸爸做方便面与鸡蛋羹，爸爸说——方便面好吃，鸡蛋羹也好吃。告诉我以后方便面里再加点儿青菜、鸡蛋羹里稍微加点儿盐就更好吃了。爸爸肯定了我，我觉得对、觉得有成就感，以后胆子更大了，敢做饭了，不光会做方便面、鸡蛋羹，还会烙饼、包饺子、炸酱面。”

玉玉这样的孩子将来走进社会，一定能独立。而我家“神兽”不会做饭，人们问他为什么不尝试着做饭呢？

“神兽”带着怨气说：“我才不愿意做饭呢？因为有一次我做饭时，好不容易把饭做好了，我爸一进门，劈头盖脸地骂我‘你为什么进厨房呀？烫了手怎么办？煤气泄漏怎么办？你应该等爸爸回来做给你吃，你干啥进厨房？气死我了’。”

“神兽”的回答令人们吃惊，很值得思考。这件事也让我思考许久。本来“神兽”做饭，应该肯定，相反我却埋怨“神兽”，否定“神兽”，还批评“神兽”，让“神兽”心里有了疑问——做饭不对，不应该做饭，做饭是可怕、危险的事，是爸爸的事，以后“神兽”就不愿意做饭了。

群里的宝爸们仔细想想，将来一个不会做饭的“神兽”，生活能力差，不能独立的“神兽”你喜欢吗？生活中宝爸对“神兽”的肯定极其重要，需要引起重视。

群主——博士李操心

分析“神兽”不会做饭、不愿意做饭的原因，与宝爸对“神兽”的否定有关系。

仔细想想，宝爸如果肯定“神兽”做饭的做法，适当地指导与鼓励，结果会完全不一样。那么，宝爸如何肯定“神兽”呢？

副群主——心理专家王细心

肯定“神兽”不是简单表扬几句，而是恰如其分地告诉“神兽”什么地方对、什么地方不对、如何改正，从而提高“神兽”独自解决问题的能力。

群军师——哲学家张辩证

“神兽”独自做事情，无论结果多么糟糕，宝爸都不要急于否定，更不能急着阻拦，应该循循善诱，指导“神兽”把事情做好。

群参谋——体育教练徐健身

宝爸教育“神兽”时，不能盛气凌人、居高临下，以免把“神兽”吓住，使“神兽”胆怯、没有勇气，失去自信。

群员——宝爸 41 问：如何寻找根源呢？
请各位爸爸指教。

群监督——艺术家赵广泛

宝爸可能有这样的体验，如果经常肯定“神兽”，“神兽”就会产生内在的源动力，这样的“神兽”是有主见、沉着冷静的，这样对“神兽”形成坚毅的性格，培养“神兽”勇敢的精神，都非常有好处。

群主——博士李操心

没有主见的“神兽”经常会怀疑自己的行为，本来很简单的事，心里经常嘀咕：这么做对不对呢？我要问问爸爸去。

这是“神兽”没有主见的表现，这与平时宝爸不给“神兽”肯定有直接的关系。宝爸要认真思考这个问题，究竟应该怎么给孩子肯定的鼓励，找出切实可行的办法。

群员——宝爸41问：请各位爸爸支招，提供解决问题的办法。

副群主——心理专家王细心

如果“神兽”遇到事情犹豫、慌张，形成习惯了，将来走向社会，也会没有主见。古往今来，凡是成才的人都是有主见的人，他们都有自己的思想，都是能自己决断大事的人。

一些宝爸太庇护“神兽”，像个大老鹰一样，两个翅膀保护着“神兽”，生怕“神兽”出一点儿事，等于把“神兽”与社会隔离了。

认真想一想，宝爸从幼儿园、小学、初中、高中保护“神兽”，进入大学、社会以后，宝爸该怎么保护“神兽”呢？宝爸保护不了“神兽”一辈子！

群军师——哲学家张辩证

现在有一些“神兽”四体不勤，五谷不分，到了社会上以后，不会做饭，不会洗衣服，不会保护自己，不会与人沟通，不明事理，甚至连家里的一些简单的小事都不会做，这与宝爸平时的教育有关系。

要注重口号的作用，在家里的明显位置贴一些关于肯定的标语，让宝爸与“神兽”每天都能看见、都能思考，日积月累，就会明白肯定与被肯定有多么的重要了。

如：肯定是希望的开始！

肯定是信任的信使！

群公告

牢记在心中：适当地肯定“神兽”，对“神兽”的成长意义非凡。大胆地肯定“神兽”、鼓励“神兽”、激励“神兽”，“神兽”一定能成才，一定快乐无比。

每日“五个一”工程

- ☐ 陪伴“神兽”朗诵一首诗
- ☐ 陪伴“神兽”画一幅画
- ☐ 陪伴“神兽”户外运动
- ☐ 陪伴“神兽”看《新闻联播》
- ☐ 陪伴“神兽”自然聊天儿

亲子作业

宝爸，你肯定“神兽”了吗？是（　　）否（　　）

请宝爸回忆出自己肯定“神兽”的一件事。

____

宝爸与“神兽”感悟到了什么呢？

A.______________________________

B.______________________________

06
鼓励“神兽”坚持的话题

群员——宝爸42紧急求救

“神兽”诗歌大赛获奖了

宝爸42

开学了，我家“神兽”代表学校参加了市里组织的诗歌大赛，没有想到，“神兽”发挥超常，独自创作的诗——《水的狂想曲》获得了一等奖，反响热烈，为学校争光了。

记者问“神兽”怎么能写出这么深刻感染人的诗词，怎么能写水的话题，是不是有什么特殊的秘诀呢？

“神兽”大大方方地说：“其实，也没什么特殊的秘诀，就是听老师的话，咬牙坚持下去了。上小学一年级的时候，老师要求学生坚持每天写作文、诗词、读书、随笔，我就认准了这个理，一直坚持到我上了高中。现在我每天坚持读1小时的书，有文学的、历史的、人物的、哲学的……不管时间多紧张，一直坚持着。我每天还坚持写600字以上的日记和随笔，创作1首诗词。”

听了“神兽”的发言，我受到了触动，忽然想到了“有志者事竟成”这句话，深感持之以恒的重要性。

群主——博士李操心

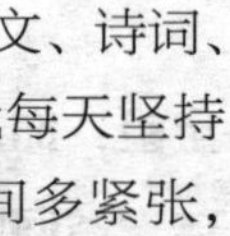

“神兽”的获奖感言很有启发意义，值得推广。现在很多

“神兽”写日记心不在焉，边玩、边吃、边凑合着写，糊弄老师，完成任务，日记就像流水账一样，早上几点起床，吃了什么，中午见到了谁，爸爸今天干什么了，日记的内容少，没有实质性的东西，根本达不到促进写作水平的程度。认真地写出生活中的真情实感来，每天不少于 600 字的作文；每天要坚持 1 个小时阅读、思考，就会一生受益。

副群主——心理专家王细心

坚持是成才的重要保证，一个人只有学会坚持，才能达到成功的顶点。很多“神兽”没成才，就是因为半途而废。谁都有成才的梦想，小学、初中、高中、大学的时候热血沸腾，可是到了四五十岁了，有多少人成功了呢？没有几个人。原因是什么呢？思来想去，其实原因很简单，就是因为没有坚持下去，自己放弃了，可见坚持对于想成才的人来说极其重要。不要怨天尤人，怨就怨自己吧。

群军师——哲学家张辩证

告诉“神兽”，坚持需要毅力，对人是一个严峻的考验，要想让“神兽”成才，一定要想方设法鼓励“神兽”坚持，在“神兽”成才的兴趣点上、爱好上，要经常引导、暗示、鼓励“神兽”：坚持、坚持、再坚持，成功就在前方。

群参谋——体育教练徐健身

宝爸教育“神兽”时，要设法增强“神兽”的心理承受能力，逐渐使“神兽”坚强起来，经得起各种打击、挫折与失败，知道失败是成功之母。

群员——宝爸 42 问：如何寻找根源呢？

请各位爸爸指教。

群监督——艺术家赵广泛

宝爸应该保持清醒的头脑，主动给“神兽”讲成功人士是怎

么坚持的，让“神兽”向他们学习，影响“神兽”的思想，使“神兽”自觉排除各种干扰与诱惑，明白一分耕耘，一分收获的道理。

群主——博士李操心

务必要明白“开门”教育的神奇之处，多带“神兽”走出去，参观名人故居、博物馆、展览馆，主动进入名牌大学游学，从中汲取营养，激发出自身的斗志。

群员——宝爸 42 问：请各位爸爸支招，提供解决问题的办法。

副群主——心理专家王细心

宝爸们不能放松对“神兽”全方位的教育，打铁需要自身硬，自己先做好持之以恒的表率作用，言谈话语、行为方式都要显示出持之以恒的“影子”，让“神兽”从中受到启发。

群军师——哲学家张辩证

注重口号的作用，在家里的明显位置贴上一些关于持之以恒的标语，让宝爸与“神兽”每天都能看见、都能思考，日积月累，就会明白持之以恒有多么的重要了。

如：持之以恒方能成大器！

别输在半途而废上！

持久、持久、再持久！

群公告

牢记在心中：持久是取得成绩、成才的保证，没有持久，再好的成功计划都是一纸空谈。

每日“五个一”工程

- □ 陪伴“神兽”朗诵一首诗
- □ 陪伴“神兽”画一幅画
- □ 陪伴“神兽”户外运动
- □ 陪伴“神兽”看《新闻联播》
- □ 陪伴“神兽”自然聊天儿

亲子作业

宝爸，你鼓励“神兽”持久了吗？是（　　）否（　　）

请宝爸回忆出自己鼓励“神兽”持久的一件事：

____

宝爸与“神兽”感悟到了什么呢？

A.______________________________

B.______________________________

07
“装盲”的话题

群员——宝爸 43 紧急求救

“神兽”夏令营对抗赛特等奖

宝爸 43

假期，我家的“神兽”参加国际夏令营对抗赛，由于其超强的独立能力，最终表现优异，受到大家的一致好评，获得了特等奖。

人们问“神兽”小小年纪，怎么能有这么好的独立性呢？

“神兽”拍着胸脯，自信地说：“这与我爸爸装‘盲’有关系。小时候我的依赖性特别强，上小学三年级的时候，还要让爸爸穿袜子。吃饭的时候，还要让爸爸在身边陪着。夜间上卫生间也要爸爸陪着。有一次，爸爸生病了，我饿了，爸爸鼓励我自己去做饭，我鼓足勇气走进厨房，第一次做了饭。爸爸表扬我会做饭了，饿不着了，是一个会生活的孩子。我觉得我爸特别好，鼓励我自己干事。从那以后，我就爱做饭了，从那以后我个人的学习、生活问题爸爸就不怎么主动帮我了，无论我怎么学习，爸爸也不干预了。有时候，我喜欢看一些课外书，我爸也不干预我。其实，看课外书也可以学习到大量的知识。”

听了“神兽”的话，我感到自己装“盲”装对了，深感“神兽”的独立性在成长中很重要。

群主——博士李操心

“神兽”的话给宝爸们很多启示，希望“神兽”成才的宝爸要认真思考，究竟应该怎么装“盲”呢？怎么才能锻炼提高“神兽”的独立能力呢？

副群主——心理专家王细心

现实生活中，“神兽”有依赖行为和思想，这样下去“神兽”将来很难成才。宝爸故意装“盲”很重要，“神兽”做事时毕竟年龄小，有些事情可能做得不太好，宝爸要装“盲”，要多鼓励和引导，给“神兽”肯定。“神兽”今天做饭不好吃，爸爸鼓励他，明天“神兽”做的饭兴许就好吃了。如果“神兽”今天做饭了，你批评、讽刺“神兽”做饭不好吃，“神兽”可能就不愿意做饭了。

“神兽”做饭的事说明了一个道理，宝爸不要过于溺爱“神兽”，要相信“神兽”的能力。

群军师——哲学家张辩证

装“盲”不是说不管“神兽”、不是说不帮“神兽”，其实装“盲”是为了支持“神兽”，给“神兽”更大的独立空间，让“神兽”独自去思考和行动，掌握生活技能，将来“神兽”无论离你有多远，都会生活很好，宝爸一定会感到欣慰、幸福。

群参谋——体育教练徐健身

宝爸装“盲”需要下狠心，不能太心疼“神兽”，现在“神兽”吃点儿苦、受点儿罪不是坏事，正是磨炼人生的最好时机。

群员——宝爸 43 问：如何寻找根源呢？
请各位爸爸指教。

群监督——艺术家赵广泛

一些宝爸经常嘀咕说：“‘神兽’这么小，不瞪大眼睛看着点

儿，能行吗？‘神兽’这么小，吃苦怎么能行呢？‘神兽’背书包沉，我看见能不管吗？”

群主——博士李操心

有的宝爸平时眼睛瞪得大大的，不给“神兽”干事的机会，看见“神兽”的书包沉，主动给“神兽”背书包；“神兽”都上高中了，有的宝爸看着“神兽”的衣服脏了，还给“神兽”洗衣服；有的宝爸看着“神兽”吃完饭了，赶快给“神兽”洗碗；有的宝爸看着“神兽”到外面去学琴、学艺术，还帮着“神兽”拎东西，长此下去，不利于“神兽”的健康成长，不利于“神兽”独自面对未来。

群员——宝爸 43 问：请各位爸爸支招，提供解决问题的办法。

副群主——心理专家王细心

如果宝爸们真心希望“神兽”成才，就要眼睛“盲”一点儿，给“神兽”独立做事的机会，不做“神兽”的大脑与手脚，“神兽”才能逐渐长大，才能独立思考问题，独自解决问题。

群军师——哲学家张辩证

要注重口号的作用，悄悄把“装盲”二字写在自己的日记本里，每天看看，再写上几句警示语。

如：“装盲”就是给“神兽”独立的机会！

“装盲”需要下狠心！

“装盲”需要智慧！

“装盲”不是撒手不管！

群公告

牢记在心中：在“神兽”的成长问题上“装盲”是一门学问，是让“神兽”健康成长的一个技巧。

每日“五个一”工程

□ 陪伴“神兽”朗诵一首诗
□ 陪伴“神兽”画一幅画
□ 陪伴“神兽”户外运动
□ 陪伴“神兽”看《新闻联播》
□ 陪伴“神兽”自然聊天儿

亲子作业

宝爸，你会“装盲”吗？是（　　）否（　　）

请宝爸回忆出自己“装盲”的一件事。

____

宝爸与“神兽”感悟到了什么呢？

A.____

B.____

08
“装聋”的话题

群员——宝爸 44 紧急求救

“神兽”夏令营生病了

宝爸 44

我家的“神兽”上五年级了，夜间上厕所还得叫我陪着，如果我不陪着，“神兽”就憋着。

去年夏天，“神兽”参加夏令营活动，在外面住了 5 天，住宿的卫生间是蹲便器，“神兽”蹲着拉不下来，因为大便问题无法解决，“神兽”满嘴长泡，眼睛红，嗓子哑，浑身起疙瘩，对“神兽”的身体健康影响很大。

宝爸要学会“装聋”，才能让“神兽”摆脱依赖。如果今天你容忍了“神兽”的依赖，“神兽”长大了以后怎么办？宝爸总不能跟“神兽”一辈子吧。

夏令营结束后，我明白了这个道理。一天，我真的“装聋”了，“神兽”夜间上厕所时，又喊我陪，我“装聋”，打呼噜。

“神兽”没有办法，只好自己去了卫生间，解决了内急的问题，以后“神兽”不叫宝爸自己也能上厕所了。

“神兽”改变了，我感到我“装聋”装对了，深感“神兽”不能娇惯，必须具备独立性。

群里的宝爸们仔细想想，为何我们的“神兽”没有独立性，任何事情都要宝爸陪伴，如此下去宝爸们能放心吗？

群主——博士李操心

“神兽”在夏令营生病的问题，是个现实、严肃的话题，给宝爸们很多警示，希望“神兽”成才的宝爸要认真思考，究竟应该怎样“装聋”？怎样才能锻炼、提高“神兽”的独立能力呢？

副群主——心理专家王细心

现在“神兽”依赖性特别强，喝水、吃东西随口就找爸爸要，经常能听到“神兽”说——爸爸我要喝水、我要吃苹果、我要吃饭、我要穿衣服、我的衣服在哪儿、我的作业本在哪儿、我的鞋在哪儿、我的红领巾在哪儿、我的铅笔盒在哪儿，等等。

“神兽”什么都问爸爸要，爸爸要是真爱“神兽”，就不能跟保姆一样随时伺候“神兽”，只要“神兽”一喊，马上就过来帮“神兽”，长此下去，“神兽”就养成了依赖的惯性，在成才的道路上走的就不一定顺利。

“神兽”总是依赖爸爸，自身不能独立，养不成好习惯，怎么能成才呢？所以，为了“神兽”的独立，尽早成才，宝爸一定要学会“装聋”，但不要真聋。

群军师——哲学家张辩证

“装聋”其实也是一种教育方法，在“神兽”的教育问题上要严肃一些，“神兽”到了外面，谁能像宝爸一样爱护“神兽”，在社会上没人会让着“神兽”，宝爸应该狠狠心，学会“装聋”，让“神兽”学会独立。

宝爸要及早清醒，如果狠不下心来，什么事都依着“神兽”，都听“神兽”的“摆弄”，“神兽”让你干什么，你就干什么，最后就麻烦了。

群参谋——体育教练徐健身

宝爸要学会“装聋”，宝爸不能过分宠爱“神兽”，过于宠爱“神兽”就等于害了“神兽”，要大胆培养“神兽”自己解决问题的能力。

群员——宝爸 44 问：如何寻找根源呢？
请各位爸爸指教。

群监督——艺术家赵广泛

宝爸要明白，“装聋”还需要给“神兽”讲道理，让“神兽”明白这是为他好，越早“断奶”对“神兽”成长越有利。

群主——博士李操心

学会“装聋”需要全家人齐心协力，共同完成，不能让“放水”的人出现。宝爸要预先与家里的其他家长达成默契，约法三章，不能各行其是，偷偷地唱“红白”脸，让“神兽”钻了空子。

群员——宝爸 44 问：请各位爸爸支招，
提供解决问题的办法。

副群主——心理专家王细心

如果宝爸们希望“神兽”成才，早日具备独立生活的能力，在“装聋”的问题上就要多动脑筋，加强学习，提高自身能力很重要。节假日，主动带“神兽”去名牌大学游学，让“神兽”独自观察、独自体验，逐渐养成独立思考、独自完成任务的好品质。

群军师——哲学家张辩证

要注重口号的作用，悄悄把“装聋”二字写在自己的日记本里，每天看看，再写上几句警示语。

如：“装聋”就是希望“神兽”具备独立性！

“装聋”需要智慧！

“装聋”不是撒手不管！

群公告

牢记在心中："装聋"是使"神兽"摆脱依赖的最好的手段，宝爸要敢于下狠心，这是对"神兽"的爱护。

每日"五个一"工程

- □ 陪伴"神兽"朗诵一首诗
- □ 陪伴"神兽"画一幅画
- □ 陪伴"神兽"户外运动
- □ 陪伴"神兽"看《新闻联播》
- □ 陪伴"神兽"自然聊天儿

亲子作业

宝爸，你会"装聋"吗？是（　　）否（　　）

请宝爸回忆出自己"装聋"的一件事。

____

宝爸与"神兽"感悟到了什么呢？

A.____

B.____

09
“作哑”的话题

群员——宝爸 45 紧急求救

“神兽”边看电视边吃饭，生病了

宝爸 45

我家的“神兽”吃饭时必须看动画片节目，不让看就会闹个不停，我只好打开电视机。最终“神兽”的眼睛斜视了、近视了。“神兽”消化不良，身体瘦弱。

医生说“神兽”的病与吃饭时看电视有关系。在开电视机的问题上不会“作哑”、不制止、不批评，没有想到我竟然成了“罪魁祸首”，我非常内疚。

后来，在医生的指导下，我学会了“作哑”，对“神兽”的无理要求装听不见、看不见，慢慢地“神兽”也不再迷恋动画片了，喜欢户外运动了，“神兽”的视力逐渐恢复，身体逐渐健康了。

“神兽”改变了，我感到我“作哑”做对了。深感“神兽”不能溺爱，必须科学管理。

群里的宝爸们需要认真想想，“神兽”对我们“呼来唤去”，任何事情都随心所欲，以后会有出息吗？

群主——博士李操心

“神兽”吃饭看电视的问题很普遍，是个严肃的话题，给宝爸们很多启示，希望“神兽”成才的宝爸要认真思考，究竟应该怎样“作

哑”？怎样才能让“神兽”明白事理呢？

副群主——心理专家王细心

宝爸关心“神兽”，不是什么都配合“神兽”，管住嘴非常重要，不要天天唠唠叨叨的。有的宝爸不理解“作哑”的含义，事事顺着“神兽”，“神兽”说什么是什么，盲目地服从，导致“神兽”养成不好的习惯。

群军师——哲学家张辩证

有的“神兽”爱看电视，甚至养成吃饭看电视的习惯，“神兽”的不良习惯需要宝爸批评教育、帮助“神兽”及时改正。有的宝爸怕“神兽”受委屈，就违心允许，事实上就等于配合了“神兽”。

有的宝爸不懂教育心理学，天天唠叨“神兽”学习、学习、再学习，容易使“神兽”产生逆反心理，这对“神兽”的成长很不利。

宝爸要讲原则，善于“作哑”，不让步的地方坚决不让，以免惯坏了“神兽”。

比如：“神兽”没有认真写作业，乱玩、乱闹、乱吃，在规定时间内没有做应该做的事情，同时又提出一些其他条件来，宝爸就应该拒绝“神兽”了，让“神兽”知道没做好该做的事，其他条件是不能答应的。

比如：有的“神兽”希望宝爸帮自己做事，家长拒绝后就认为家长不管自己，自己就不写作业；“神兽”想吃什么，想看什么，想玩什么都会得到家长支持。这么发展下去，“神兽”就没有约束力了。

群参谋——体育教练徐健身

宝爸学“作哑”有学问，为什么有的“神兽”不听话，就是因为爸爸答应得快，不会“作哑”，没有原则地答应“神兽”、顺从“神兽”，导致爸爸在“神兽”心中没有地位和尊严。

宝爸希望“神兽”成才，就要培养“神兽”的好习惯，规范“神兽”的行为准则，训练“神兽”的时间观念。通过巧妙“作哑”，拒绝“神兽”的一些不合理的要求，让“神兽”受到惩罚，“神兽”就会明白一些事理。

如：要让“神兽”知道——如果没有时间观念，爸爸就不会答应其他的要求；如果没有好的学习习惯，爸爸就不答应额外要求。“神兽”如果明白了这个道理，就知道该怎么做了。

群员——宝爸 45 问：如何寻找根源呢？
请各位爸爸指教。

群监督——艺术家赵广泛

宝爸要明白，“神兽”让爸爸答应的事情，爸爸要有条件、有原则地答应，在“答应”这两个字上，宝爸应该多动脑筋，不是盲目答应。

“作哑”不要真哑，想让“神兽”成才，宝爸就要在关键的问题上学会跟“神兽”辩论，切记不是唠叨。其实，家里有辩论的气氛非常好，辩论会让“神兽”思维敏捷、语言流畅、说话有逻辑性、看问题准确，这是“神兽”成才的基础，更是成长的需要。

群主——博士李操心

宝爸希望“神兽”成才，应该引导“神兽”学会辩论，大胆地开家庭辩论会，在宽松的氛围当中，启迪“神兽”的思想，让“神兽”的语言能力、组织能力、思维能力得到提高。

宝爸要记住，辩论的内容不要单一，要广泛一些，这样可以充分发挥“神兽”的想象力，全面提高“神兽”的素质。

宝爸要清楚，辩论不是吵架，双方不能闹矛盾，对事不对人，不能因为观点不一致就不欢而散。切记：辩论时，宝爸要控制情绪，以免挫伤“神兽”的积极性。

群员——宝爸 45 问：请各位爸爸支招，
提供解决问题的办法。

副群主——心理专家王细心

为了保证家庭辩论会持久坚持下去，可以规定时间，每周几次，一次多长时间，最好有辩论记录或者录音，以便日后整理。辩论时，宝爸不能以老师的身份出现，更不能盛气凌人，不给“神兽”说话的机会是大忌。

为什么有的家庭辩论不成功，或不欢而散呢？往往是“神兽”刚说一句话，宝爸就说十句批判的话，弄的“神兽”有想法也不敢说了，有思想也不敢跟宝爸谈了。所以，辩论时，宝爸应学会当学生，有利于辩论融洽。

群军师——哲学家张辩证

俗话说：“三人行，必有我师。”宝爸别以为自己是家长就一定会比“神兽”强，其实在很多学习科目上，有些宝爸还真不如“神兽”，宝爸要谦虚一些，学会当学生，善于倾听“神兽”的想法，甚至还要主动问“神兽”问题，这样就容易调动“神兽”的兴趣，让“神兽”心情放松，促使“神兽”主动去掌握更多的知识，让“神兽”知道在某些方面自己也能“胜过”爸爸了。“神兽”脑子里有了这种概念以后，就能提高辩论的自信心。

现实生活中，有些宝爸不愿意听“神兽”说话，也不愿意与“神兽”平等辩论，更不用说给“神兽”当学生了。

希望“神兽”成才，宝爸就要让“神兽”充分表达自己的见解，让“神兽”充分展示自己的思想和能力，让“神兽”的自信心和自尊心得到满足。

辩论中，宝爸要学会当“学生”，要有宽广的胸怀，要有甘愿当人梯的精神，乐观地面对“神兽”。

要注重口号的作用，悄悄把“作哑”二字写在自己的日记本里，每天看看，再写上几句警示语。

如：“装哑”就是希望“神兽”具备独立性！

“装哑”需要智慧！

“装哑”不是撒手不管！

群公告

牢记在心中：“作哑”与辩论是教育“神兽”的一种好方法，要巧妙地运用，真正达到教育“神兽”的目的。

每日“五个一”工程

- □ 陪伴“神兽”朗诵一首诗
- □ 陪伴“神兽”画一幅画
- □ 陪伴“神兽”户外运动
- □ 陪伴“神兽”看《新闻联播》
- □ 陪伴“神兽”自然聊天儿

亲子作业

宝爸，你会装“哑”吗？是（　　）否（　　）

请宝爸回忆出自己装“哑”的一件事。

____

宝爸与“神兽”！你们感悟到了什么呢？

A.______________________________

B.______________________________

10
“装狠”的话题

群员——宝爸 46 紧急求救

“神兽”迟到了

宝爸 46

我家的“神兽”今天早晨迟到了，“神兽”出门时，说我不负责任，不配当爸爸。我很苦恼，也很无奈，找到教育专家咨询。

教育专家问：“‘神兽’迟到与爸爸有什么关系？”

我思考了一会儿，苦恼地说：“从上幼儿园开始，一直到现在，每天早上叫醒都是我的事，形成了习惯。有时候我怕‘神兽’上学晚，定好 3 个闹钟，保证每天叫醒，‘神兽’养成了被叫醒的习惯，自己就是起不来。昨天，我身体不舒服，早上的 3 个闹钟都没听着，晚叫了‘神兽’半个小时，‘神兽’上学晚了，冲我发火，说我害了他。这件事是怨我呢？还是怨‘神兽’呢？”

教育专家说：“都有原因，但是归根到底，还是与爸爸不会‘装狠’有关系。有的‘神兽’从幼儿园开始就自己起床、叠衣服、收拾玩具，独立能力特别强。你的‘神兽’上学了，还要爸爸叫醒。”

晚上放学后，我与“神兽”说好，早上再也不叫了，“神兽”自己管理自己。

说实在的，我担心“神兽”起不来，一夜没有合眼，早上 6 点 30 分还想着去叫，但是心一狠，没有叫。不一会儿，“神兽”自己起来了，我为“神兽”的进步感到高兴。

“神兽”的改变，我感到我“装狠”装对了，深感对“神兽”不能溺爱，必须严格要求，立好规矩。

群里的宝爸们要深思，因为我们心软，成了“神兽”的“附属品”，“神兽”长大后我们该怎么办？

群主——博士李操心

“神兽”早上起不来的问题很普遍，需要宝爸们认真思考，究竟应该怎么“装狠”呢？怎么才能让“神兽”独立呢？

副群主——心理专家王细心

现在家庭条件都好了，独生子女几乎没有吃过苦，吃得好，穿得好，学习条件好，在家都有自己的学习室，不像过去一家人都挤在一块，在饭桌上写作业。

在“神兽”的成长问题上，宝爸“装狠”很有必要，该说的要说，该批评的要批评，该严肃指出“神兽”问题时就严肃指出来；如果宝爸总是忍让、迁就、护着“神兽”，在这种环境中成长起来的“神兽”将来走上社会肯定会吃亏。

宝爸希望“神兽”成才，“神兽”就需要具备优秀的品质和优良的行为习惯才行，没有优良的品质，还谈什么成才呢？所以，宝爸要学会“装狠”，在“神兽”的成长过程中当好陪练。

群军师——哲学家张辩证

要想让“神兽”成才，一定要学会“装狠”，在一些事情上要让“神兽”早“断奶”，而且断得越早越好，越早越有利于“神兽”成长。

“装狠”需要全家人配合，不能宝爸下狠心了，妈妈、爷爷、奶奶、姥姥、姥爷袒护，要全家一盘棋，让“神兽”找不到“救命草”。

群参谋——体育教练徐健身

“装狠”并不是不帮助“神兽”，关键时候，容易发生危险的地方，宝爸必须尽到监护人的职责。

“装狠”并不是真狠，宝爸学会“旁敲侧击”很重要，“神兽”有想法、有追求，但不去做，或有想法后，觉得做不了，或只是停留在脑子里想，没有付之于行动，这就需要宝爸监督。宝爸要学会引导，看到“神兽”的想法，运用“旁敲侧击”法，激发“神兽”的创造欲，激励“神兽”去实践。

群员——宝爸 46 问：如何寻找根源呢？请各位爸爸指教。

群监督——艺术家赵广泛

我也说一说“旁敲侧击”，这也是“激将法”，就是激励“神兽”去实践。

有的“神兽”是“顺毛驴”，你顺着他，他高兴，呛着他不行。有的“神兽”是“犟毛驴”，必须呛着他，他才去干。必须根据“神兽”的特点，恰当地运用“旁敲侧击”，下点儿狠心，能起到事半功倍的效果。

如果宝爸不下狠心，不善于运用“旁敲侧击”法，“神兽”可能会半途而废，不会走到成才的那一步。

教育“神兽”要因人而异，根据“神兽”的特点，如果是属于激励型的，你就大胆去激励。如果是属于“呛毛型”的，那你就大胆地去“激将”。

群主——博士李操心

宝爸运用“旁敲侧击”法要掌握火候，火候不合适，起不到效果，一定要在恰当的时候使用。

宝爸在运用“旁敲侧击”法激励“神兽”前，应该分析“神兽”的想法与行动是不是可行，是不是符合客观规律，是不是正确的，如果违背客观规律，属于根本不可能办到的事，千万不要乱“旁敲侧击”，以免让“神兽”走弯路，挫伤“神兽”的积极性。

群员——宝爸 46 问：请各位爸爸支招，
提供解决问题的办法。

副群主——心理专家王细心

运用“旁敲侧击”法激励“神兽”以后，不是撒手不管了，是在可能的前提下，征得“神兽”同意，最大限度地帮助“神兽”，给“神兽”创造物质条件，完成创造任务。

群军师——哲学家张辩证

要注重口号的作用，悄悄把“装狠”二字写在自己的日记本里，每天看看，再写上几句警示语。

如：“装狠”要恰到好处！

“装狠”需要智慧！

“装狠”不是家暴！

群公告

牢记在心中：“装狠”是让“神兽”真正成长起来、独立起来。如果宝爸总不愿下“狠心”，将来受罪的可能还是宝爸。

另外，“旁敲侧击”是教育“神兽”的一种手段，一定要根据“神兽”的特点，根据不同的情况，科学地加以运用。

每日“五个一”工程

- □ 陪伴“神兽”朗诵一首诗
- □ 陪伴“神兽”画一幅画
- □ 陪伴“神兽”户外运动
- □ 陪伴“神兽”看《新闻联播》
- □ 陪伴“神兽”自然聊天儿

亲子作业

宝爸，你会“装狠”吗？是（　　）否（　　）

请宝爸回忆出自己“装狠”的一件事。

____

宝爸与“神兽”感悟到了什么呢？

A.____

B.____

群公告八
家规与家史

01
制定家规与家训的话题

群员——宝爸 47 紧急求救

“神兽”没有犯错误

宝爸 47

暑假，我家的“神兽”与几个同学去公园玩游戏。公园里的鲜花很多，人们纷纷驻足拍照留念。

几个淘气的同学爬到树上去，随意采摘，毁坏了许多鲜花，遭到游人的指责。公园管理人员闻讯赶来，立刻请来家长，要求赔偿。

谁也没有想到，唯独我家“神兽”没有参与采摘鲜花，人们问“神兽”为什么能管住自己的行为。

“神兽”认真地说：“因为我们有家规与家训，外出要遵纪守法，不损坏公物。”

人们听到我家“神兽”说家规与家训，不约而同地冲“神兽”竖起了大拇指，给“神兽”点赞。

这件事说明了一个道理，家规与家训在“神兽”成长过程中起到非常重要的作用。那么，如何引导“神兽”写家规与家训呢？

群主——博士李操心

“神兽”牢记家规与家训，能管住自己不犯错误，值得赞扬。这也给了宝爸们很多启示，需要宝爸们认真思考，及早立家规、定家训，让“神兽”有意识地规正自己的行为。

副群主——心理专家王细心

我家“神兽”经常问：“家规与家训重要吗？”我说：“重要、重要，非常重要。”俗话说：“国有国法，家有家规。”家规与家训是保证家庭和谐美满、传承有序的关键。如果一个家庭没有制定家规与家训，就等于没有规矩、没有约束，随意性大，最终导致家庭松散，缺乏凝聚力，甚至衰落。

群军师——哲学家张辩证

我家“神兽”经常问：“不立家规与家训的后果是什么呢？”我说：“很严重。”没有家规与家训，宝爸也容易发生言行上的错误问题，出现“一言堂”的现象，不利于家庭建设与和谐发展。没有家规，家训，“神兽”对事物的红线与底线无法估计。

群参谋——体育教练徐健身

我家“神兽”经常问：“家规与家训的内容是什么呢？”我耐心地说，一般有十大类别：

一是道德方面；

二是遵纪守法方面；

三是孝敬父母方面；

四是劳动与工作方面；

五是礼仪方面；

六是习惯养成方面；

七是为人处世方面；

八是婚姻传承方面；

九是学习求知方面；

十是认知方面。

群员——宝爸 47 问：如何寻找根源呢？
请各位爸爸指教。

群监督——艺术家赵广泛

我家“神兽”经常问：“家规与家训是千篇一律的吗？”我耐心地告诉“神兽”：不是。家规与家训的内容、格式多种多样，对象也有区别。

针对“神兽”学习的家规与家训；

针对家长的家规与家训；

针对夫妻和睦的家规与家训；

针对全体成员的家规与家训；

针对赡养老人的家规与家训；

针对事业的家规与家训，等等。

群主——博士李操心

宝爸应利用节假日，带“神兽”走访家族长辈，认祖归宗，对长辈产生敬畏之心。

群员——宝爸 47 问：请各位爸爸支招，
提供解决问题的办法。

副群主——心理专家王细心

宝爸自己要重视家规与家训的制定与修改工作，给“神兽”做一个好榜样，甚至可以与“神兽”一起修改家规与家训，共同遵照执行。让“神兽”知道，在家规与家训面前人人平等，谁也不例外。

群军师——哲学家张辩证

要注重口号的作用，在家里的明显位置张贴好家规与家训，也可以在显著的位置写上一些关于家规与家训的提示语，让宝爸与“神兽”每天都能看见、都能思考，都能受到家规与家训的约束，增强自律性。

如：家规自觉遵守！

家规与家训不可忘！

群公告

牢记在心中：家规与家训是务必要制定的大事，这是治家的基础，也是管理家庭的大纲，万万不能忽视。如果家里没有，赶快制定。如果家里有，宝爸应该与“神兽”一起修订以往的家规与家训。

每日“五个一”工程

- □ 陪伴“神兽”朗诵一首诗
- □ 陪伴“神兽”画一幅画
- □ 陪伴“神兽”户外运动
- □ 陪伴“神兽”看《新闻联播》
- □ 陪伴“神兽”自然聊天儿

亲子作业

宝爸，你制定家规与家训吗？是（　　）否（　　）

请宝爸回忆自己与“神兽”遵守家规与家训的一件事。

____

宝爸与“神兽”感悟到了什么呢？

A.____

B.____

02
写家史的话题

群员——宝爸 48 紧急求救“SOS”

“神兽”在班里威信大增

宝爸 48

课堂上，老师问：“同学们，谁能说出自己家的家史。”

同学们都摇头，表示不知道。唯独我家“神兽”勇敢地举起手，简单扼要地叙述我家的家史，并且说出了自己家的老祖宗是明朝开国皇帝朱元璋的后裔，赢得了老师和同学们的热烈掌声。

同学们问“神兽”是谁写的家史，“神兽”说：“家史一直有，到了爸爸这辈，爸爸又增加了新内容，我爸最重视家史的增补工作，嘱咐我要认真读家史，追忆祖先。”

同学们听完，不约而同地冲“神兽”竖起了大拇指，频频点赞。“神兽”很有面子，在班里的威信大增。

这件事说明了一个道理，家史对“神兽”的成长非常重要。那么，如何写家史呢？群里的宝爸们应该仔细想想，是不是需要重视这件事呢？

群主——博士李操心

“神兽”在全班同学面前叙述家史，得到了老师与同学的赞誉，聚集了人气，值得赞扬。这也给群里的宝爸们很多启示：及早整理家史、完善家史，让“神兽”认祖归宗，并发扬光大。

副群主——心理专家王细心

我家“神兽”经常问：“家史重要吗？”我说：“重要、重要，非常重要。有了家史才知道自己是从哪里来的，未来要到什么地方去。”

群军师——哲学家张辩证

我家“神兽”经常问：“写家史的意义是什么呢？”

写家史既有现实意义，又有深远的历史意义。可以了解数百年前、数千年前的历史，追寻当年祖先的足迹，探究经济、文化、社会、艺术、农业、商业、军事、地域、服饰、生活习俗等；可以知道家族的来龙去脉、姓氏缘由等；可以增加家族感、亲切感、归属感，所产生的凝聚力非同凡响。

群参谋——体育教练徐健身

我家“神兽”经常问：“家史包括什么内容呢？”

一般情况下家史包括以下内容：

一、祖先的居住地；

二、姓氏的追踪；

三、祖先的名字；

四、祖先的传代情况；

五、辈分的分支；

六、主系与旁系的区别；

七、字辈的使用；

八、家规；

九、家训；

十、重大事件；

十一、对民族、对社会、对家族有贡献的人；

十二、感人故事；

十三、画像、信函、照片、手绘图、全家福、视频等；

十四、实物佐证对照表；

十五、传家宝；

十六、文书、文件、契约、合同等；

十七、先人的生辰与忌日，墓地与墓碑；

十八、活着人的生日；

十九、重大的日子；

二十、所有人的工作类别、职务、技能、特长、健康与婚姻情况等；以及通讯录、现住址等。

群员——宝爸 48 问：如何寻找根源呢？请各位爸爸指教。

群监督——艺术家赵广泛

我家“神兽”经常问：“如何写好家史呢？”

我耐心告诉“神兽”，写好家史需要沉住气，按照一定的顺序，用心写。

一是先写提纲；

二是寻找宝贵的资料；

三是采访当事人；

四是拍照取证；

五是实地考察；

六是完成初稿；

七是送给有关家庭人员修改；

八是最后统稿。

群主——博士李操心

如果条件允许，宝爸要主动与“神兽”一起回老家，看看老家的房子、田地、祖坟，重走祖辈人走过的路线，对家族有一个全面的认知与了解。

群员——宝爸 48 问：请各位爸爸支招，
提供解决问题的办法。

副群主——心理专家王细心

宝爸自己要重视家史的编纂工作，给“神兽”做好榜样，甚至可以与“神兽”一起编纂家史，共同缅怀家族的先人，让“神兽”产生光宗耀祖的信念。

群军师——哲学家张辩证

要注重口号的作用，在家里的明显位置张贴好家史，也可以在显著的位置贴上一些关于家史的提示语，让宝爸与“神兽”每天都能看见，都能受到家史的启发，增强自律性，提升自信心。

如：家史不可断！

家史增加家庭凝聚力！

群公告

牢记在心中：俗话说：“人过留名，雁过留声。”人这一辈子不容易，留好名声很重要，写家史是追根的重要途径，务必用心思考，方能明白“血浓于水”的真谛。

每日“五个一”工程

- ☐ 陪伴“神兽”朗诵一首诗
- ☐ 陪伴“神兽”画一幅画
- ☐ 陪伴“神兽”户外运动

□ 陪伴“神兽”看《新闻联播》

□ 陪伴“神兽”自然聊天儿

亲子作业

宝爸，你家有家史吗？是（　　）否（　　）

请宝爸回忆出自己与“神兽”共同述说家史的一件事。

____

宝爸与“神兽”感悟到了什么呢？

A.____

B.____

后 记

当个好爸爸是个现实的问题，宝爸希望“神兽”成才，就要认真思考，应该为“神兽”做点儿什么，应该以什么样的行为准则去影响和教育“神兽”。如果认真思考了，而且又付诸实践，“神兽”一定会在成才的道路上越走越远。

《“爸爸帮”帮爸爸》这本书系统、全面地告诉宝爸们如何引导“神兽”走向成才之路。为使“神兽”成才，图书客观地告诉宝爸们如何教育、引导“神兽”，根据现实生活中成才“神兽”的成长过程、成才“神兽”宝爸的经验做法，集中分析宝爸们教育“神兽”时经常遇到的困惑问题，以事说理，逐渐向深层次展开，简明扼要地说明了当个好爸爸，引导“神兽”成才的关键几步，使宝爸和“神兽”们在轻松阅读中，受到启发，认清“神兽”成长过程中成才的客观性和必然性。

因篇幅问题，尚有许多问题没有在书中归纳进来，特别是有些具体案例针对性不强，内容涉及的不是很详细，希望宝爸和“神兽”们批评指教。

经过反复修改，本书终于完稿，更是得到了中国经济出版社领导的大力支持，特别得到了陈瑞老师的鼓励和具体指导，图书的出版得益于出版社负责校对老师们的精细润笔。特此向以上编辑、老师们表示衷心感谢。

关丽荣　刘燕华　李澍晔

2022 年 2 月 19 日于北京郊区老房子

电子信箱：caihongxinlingzhan@163.com